Impressum
Verlag: BABADADA GmbH, Nedderfeld 112 , 22529 Hamburg
Geschäftsführer / Verlagsleitung: Harald Hof
Druck: Books on Demand GmbH, In de Tarpen 42, 22848 Norderstedt

Imprint
Publisher: BABADADA GmbH, Nedderfeld 112 , 22529 Hamburg, Germany
Managing Director / Publishing direction: Harald Hof
Print: Books on Demand GmbH, In de Tarpen 42, 22848 Norderstedt

σχολείο
de school

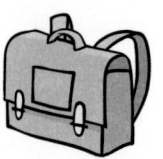

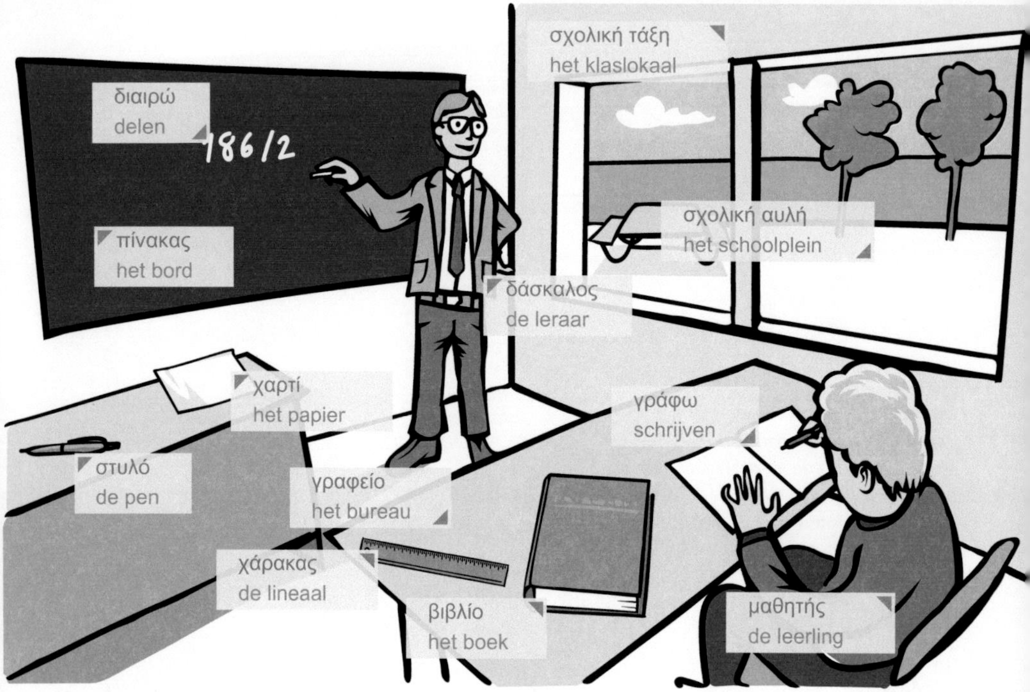

σχολική τάξη
het klaslokaal
διαιρώ
delen
186/2
πίνακας
het bord
σχολική αυλή
het schoolplein
δάσκαλος
de leraar
χαρτί
het papier
γράφω
schrijven
στυλό
de pen
γραφείο
het bureau
χάρακας
de lineaal
βιβλίο
het boek
μαθητής
de leerling

σχολική τσάντα

de schooltas

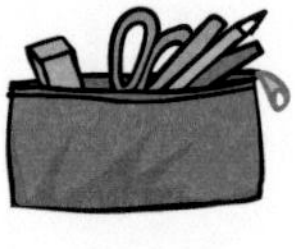

κασετίνα/ μολυβοθήκη

de etui

μολύβι

het potlood

ξύστρα

de puntenslijper

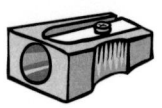

γόμα

de gum

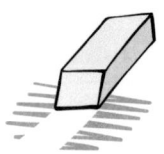

μπλοκ ζωγραφικής

het schetsblok

ζωγραφική

de tekening

πινέλο

het penseel

κουτί χρωμάτων

de verfdoos

ψαλίδι

de schaar

κόλλα

de lijm

τετράδιο ασκήσεων

het schrift

εργασία για το σπίτι

het huiswerk

αριθμός

het getal

προσθέτω

optellen

αφαιρώ

aftrekken

πολλαπλασιάζω

vermenigvuldigen

υπολογίζω

rekenen

γράμμα

de letter

αλφάβητο

het alfabet

λέξη

het woord

κείμενο

de tekst

διαβάζω

lezen

κιμωλία

het krijt

μάθημα

de les

εγγράφομαι

het klassenboek

τεστ

het examen

πιστοποιητικό

het diploma

μαθητική στολή

het schooluniform

εκπαίδευση

de opleiding

εγκυκλοπαίδεια

de encyclopedie

πανεπιστήμιο

de universiteit

μικροσκόπιο

de microscoop

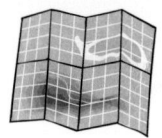

χάρτης

de kaart

καλάθι αχρήστων

de prullenmand

ταξίδι

de reis

ξενοδοχείο
het hotel
Grand
ξενώνας
het hostel
ROOMS
EXCHANGE
ανταλλακτήρια συναλλάγματος
het wisselkantoor
βαλίτσα
de koffer
αυτοκίνητο
de auto

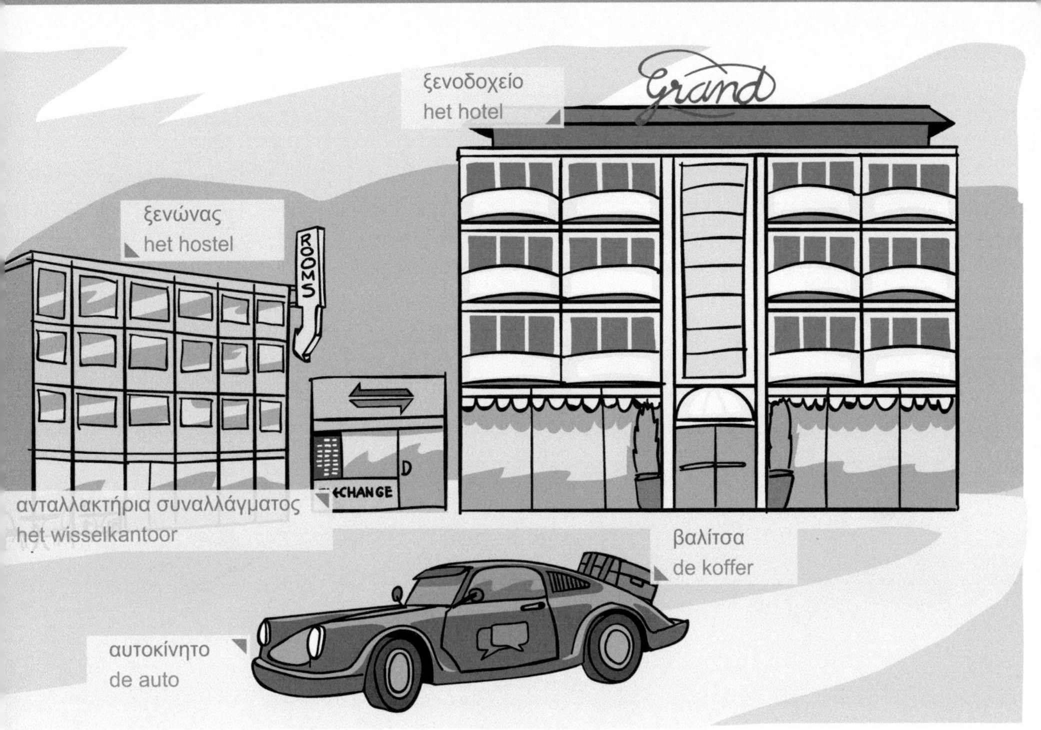

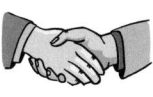

γλώσσα

de taal

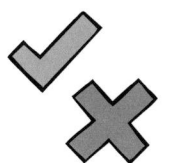

ναι / όχι

ja / nee

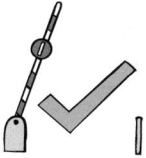

εντάξει

oké

γεια σου

Hallo!

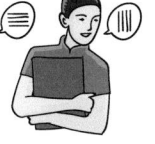

μεταφραστής

de tolk

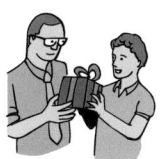

Ευχαριστώ

Bedankt.

πόσο κάνει ;

Wat kost ...?

Δε καταλαβαίνω

Ik begrijp het niet.

πρόβλημα

het probleem

Καλησπέρα!

Goedenavond!

Καλημέρα!

Goedemorgen!

Καληνύχτα!

Goedenacht!

Αντίο

Tot ziens!

κατεύθυνση

de richting

αποσκευές

de bagage

τσάντα

de tas

σακίδιο πλάτης

de rugzak

καλεσμένος

de gast

δωμάτιο

de kamer

υπνόσακος

de slaapzak

σκηνή

de tent

τουριστικές πληροφορίες

het VVV-kantoor

παραλία

het strand

πιστωτική κάρτα

de creditkaart

πρωινό

het ontbijt

μεσημεριανό

de lunch

δείπνο

het diner

εισιτήριο

het kaartje

ανελκυστήρας

de lift

γραμματόσημο

de postzegel

σύνορα

de grens

τελωνείο

de douane

πρεσβεία

de ambassade

βίζα

het visum

διαβατήριο

het paspoort

μεταφορά
het transport

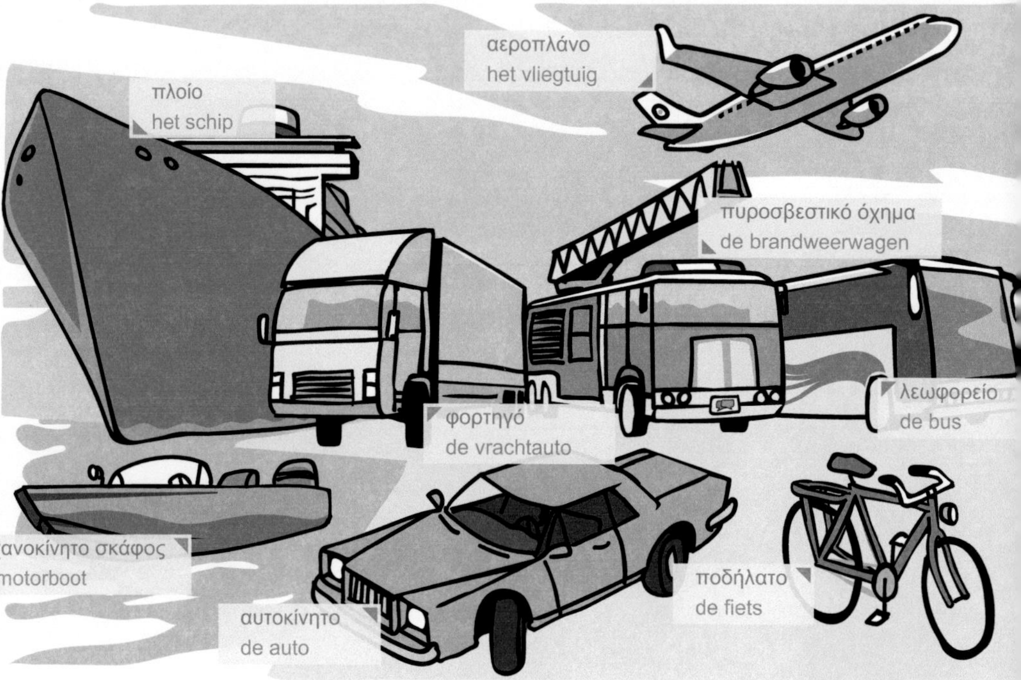

αεροπλάνο
het vliegtuig

πλοίο
het schip

πυροσβεστικό όχημα
de brandweerwagen

λεωφορείο
de bus

φορτηγό
de vrachtauto

μηχανοκίνητο σκάφος
de motorboot

ποδήλατο
de fiets

αυτοκίνητο
de auto

φεριμπότ

de veerboot

βάρκα

de boot

μοτοσικλέτα

de motorfiets

περιπολικό

de politiewagen

αγωνιστικό αυτοκίνητο

de raceauto

ενοικιαζόμενο αυτοκίνητο

de huurauto

διαμοιρασμός αυτοκινήτων

de carsharing

γερανός

de takelwagen

απορριμματοφόρο

de vuilniswagen

κινητήρας

de motor

καύσιμο

de benzine

βενζινάδικο

de benzinepomp

πινακίδα σήμανσης

het verkeersbord

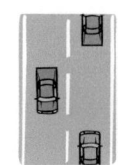

κυκλοφορία

het verkeer

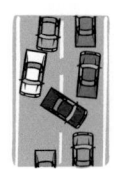

κυκλοφοριακή συμφόρηση

de file

χώρος στάθμευσης

de parkeerplaats

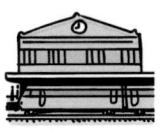

σιδηροδρομικός σταθμός

het station

σιδηροδρομικές γραμμές

de rails

τρένο

de trein

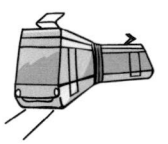

τραμ

de tram

βαγόνι

de wagon

ελικόπτερο

de helikopter

αεροδρόμιο

de luchthaven

πύργος

de toren

επιβάτης

de passagier

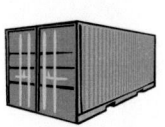

εμπορευματοκιβώτιο

de container

χαρτοκιβώτιο

de verhuisdoos

καρότσι

de kar

καλάθι

de mand

απογειώνομαι /
προσγειόνομαι

opstijgen / landen

πόλη

de stad

χωριό

het dorp

κέντρο της πόλης

het stadscentrum

σπίτι

het huis

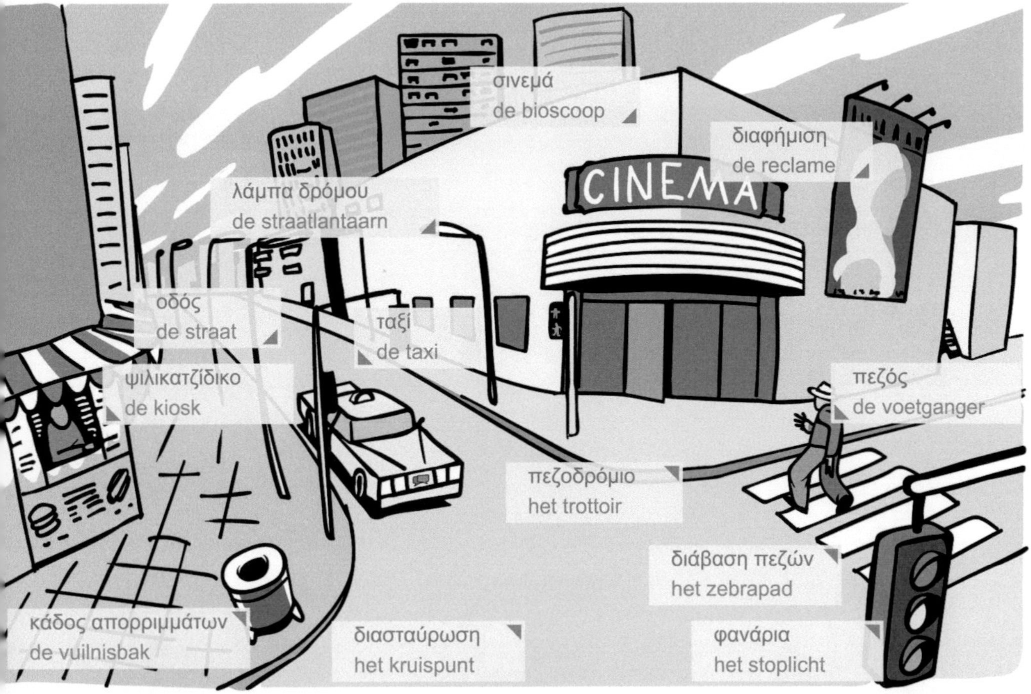

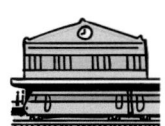

σινεμά
de bioscoop
διαφήμιση
de reclame
λάμπα δρόμου
de straatlantaarn
CINEMA
οδός
de straat
ταξί
de taxi
ψιλικατζίδικο
de kiosk
πεζός
de voetganger
πεζοδρόμιο
het trottoir
διάβαση πεζών
het zebrapad
κάδος απορριμμάτων
de vuilnisbak
διασταύρωση
het kruispunt
φανάρια
het stoplicht

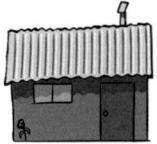

καλύβα

de hut

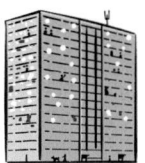

διαμέρισμα

het appartement

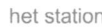

σιδηροδρομικός σταθμός

het station

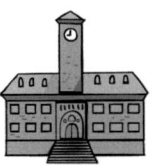

δημαρχείο

het stadhuis

MUSEUM

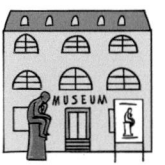

μουσείο

het museum

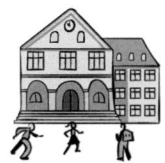

σχολείο

de school

πανεπιστήμιο

de universiteit

τράπεζα

de bank

νοσοκομείο

het ziekenhuis

ξενοδοχείο

het hotel

φαρμακείο

de apotheek

γραφείο

het kantoor

βιβλιοπωλείο

de boekenwinkel

κατάστημα

de winkel

ανθοπωλείο

de bloemenwinkel

σούπερ μάρκετ

de supermarkt

αγορά

de markt

πολυκατάστημα

het warenhuis

ιχθυοπωλείο

de visboer

εμπορικό κέντρο

het winkelcentrum

λιμάνι

de haven

12   πόλη - de stad

πάρκο

het park

παγκάκι

de bank

γέφυρα

de brug

σκάλες

de trap

μετρό

de metro

τούνελ

de tunnel

στάση λεωφορείου

de bushalte

μπαρ

de bar

εστιατόριο

het restaurant

γραμματοκιβώτιο

de brievenbus

πινακίδα δρόμου

het straatnaambord

παρκόμετρο

de parkeermeter

ζωολογικός κήπος

de dierentuin

πισίνα

het zwembad

τζαμί

de moskee

αγρόκτημα

de boerderij

ρύπανση

de vervuiling

νεκροταφείο

de begraafplaats

εκκλησία

de kerk

παιδική χαρά

de speelplaats

ναός

de tempel

τοπίο
het landschap

φύλλο
het blad

πινακίδα κατεύθυνσης
de wegwijzer

δρόμος
de weg

λιβάδι
de weide

πέτρα
de steen

πεζοπόρος
de wandelaar

δέντρο
de boom

ποτάμι
de rivier

χορτάρι
het gras

λουλούδι
de bloem

κοιλάδα

de vallei

λόφος

de berg

λίμνη

het meer

δάσος

het bos

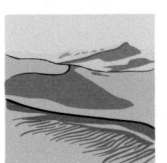

έρημος

de woestijn

ηφαίστειο

de vulkaan

κάστρο

het kasteel

ουράνιο τόξο

de regenboog

μανιτάρι

de paddenstoel

φοίνικας

de palmboom

κουνούπι

de mug

μύγα

de vlieg

μυρμήγκι

de mier

μέλισσα

de bij

αράχνη

de spin

σκαθάρι

de kever

βάτραχος

de kikker

σκίουρος

de eekhoorn

σκαντζόχοιρος

de egel

λαγός

de haas

κουκουβάγια

de uil

πουλί

de vogel

κύκνος

de zwaan

αγριογούρουνο

het wild zwijn

ελάφι

het hert

άλκη

de eland

φράγμα

de stuwdam

ανεμογεννήτρια

de windmolen

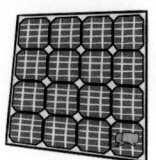

ηλιακός συλλέκτης

het zonnepaneel

κλίμα

het klimaat

εστιατόριο
het restaurant

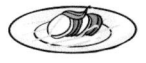

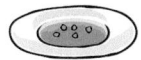

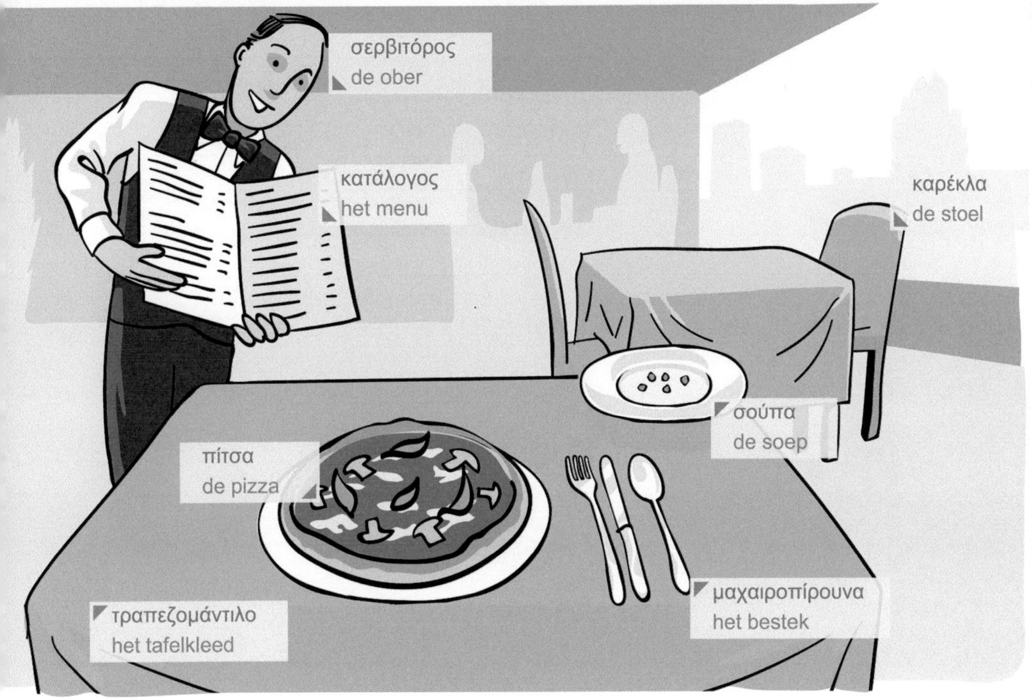
σερβιτόρος
de ober
κατάλογος
het menu
καρέκλα
de stoel
σούπα
de soep
πίτσα
de pizza
μαχαιροπίρουνα
het bestek
τραπεζομάντιλο
het tafelkleed

ορεκτικό

het voorgerecht

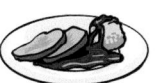

κύριο πιάτο

het hoofdgerecht

επιδόρπιο

het toetje

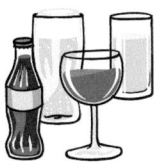

ποτά

de dranken

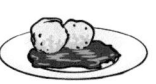

φαγητό

het eten

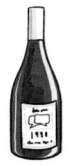

μπουκάλι

de fles

φαστ φουντ

de/het fastfood

φαγητό στ' όρθιο

het eetkraampje

τσαγιέρα

de theepot

δοχείο ζάχαρης

de suikerpot

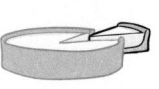

μερίδα

de portie

μηχανή εσπρέσο

de espressomachine

ψηλή καρέκλα

de kinderstoel

λογαριασμός

de rekening

δίσκος

het dienblad

μαχαίρι

het mes

πιρούνι

de vork

κουτάλι

de lepel

κουταλάκι του τσαγιού

de theelepel

πετσέτα φαγητού

het servet

ποτήρι

het glas

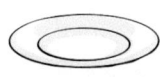

πιάτο

het bord

πιάτο σούπας

het soepbord

πιατάκι φλιτζανιού

de schotel

σάλτσα

de saus

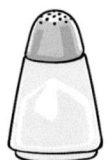

αλατιέρα

het zoutvaatje

μύλος για πιπέρι

de pepermolen

ξύδι

de azijn

λάδι

de olie

μπαχαρικά

de kruiden

κέτσαπ

de ketchup

μουστάρδα

de mosterd

μαγιονέζα

de mayonaise

σούπερ μάρκετ
de supermarkt

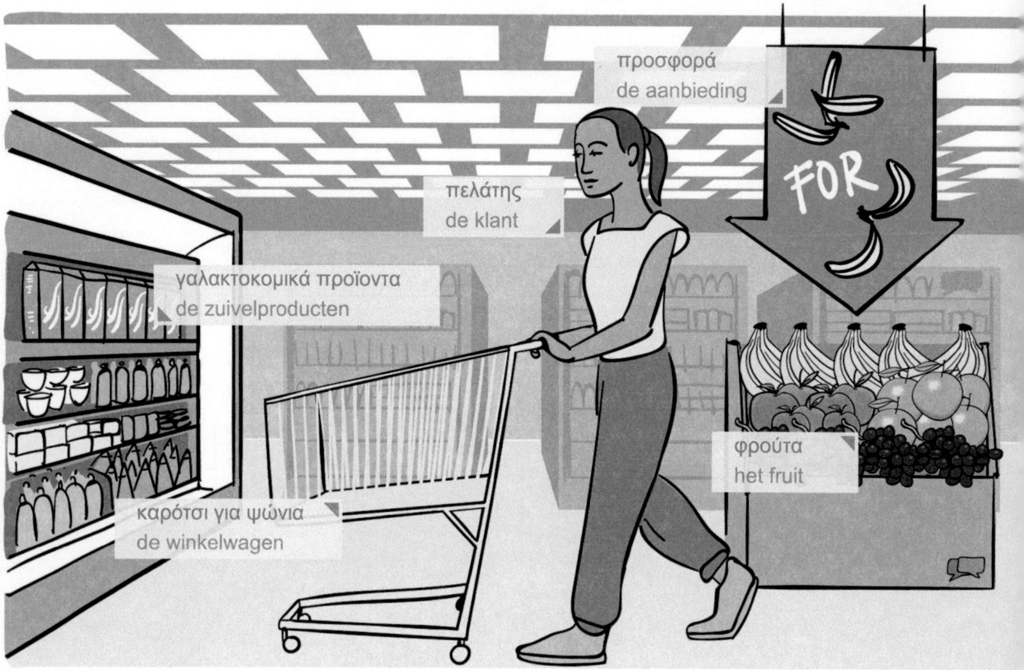

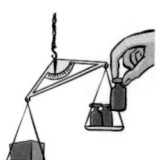

προσφορά
de aanbieding
FOR
πελάτης
de klant
γαλακτοκομικά προϊόντα
de zuivelproducten
φρούτα
het fruit
καρότσι για ψώνια
de winkelwagen

BUTCHERS

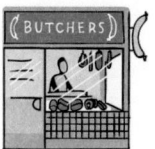

κρεοπωλείο

de slager

BAKERY

φούρνος

de bakkerij

ζυγίζω

wegen

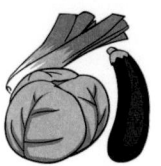

λαχανικά

de groente

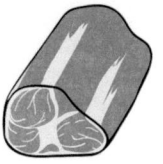

κρέας

het vlees

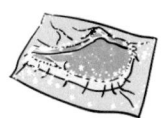

κατεψυγμένα τρόφιμα

de diepvriesproducten

αλλαντικά

de vleeswaren

κονσερβοποιημένη τροφή

de conserven

απορρυπαντικό ρούχων

het wasmiddel

γλυκά

het snoepgoed

οικιακά είδη

de huishoudelijke artikelen

καθαριστικά προϊόντα

het schoonmaakmiddel

πωλήτρια

de verkoopster

ταμείο

de kassa

ταμίας

de kassier

λίστα για ψώνια

het boodschappenlijstje

ωράριο λειτουργίας

de openingstijden

πορτοφόλι

de portefeuille

πιστωτική κάρτα

de creditkaart

τσάντα

de tas

πλαστική σακούλα

de plastic zak

ποτά
de dranken

νερό

het water

χυμός

het sap

γάλα

de melk

κόκα κόλα

de cola

κρασί

de wijn

μπίρα

het bier

αλκοόλ

de alcohol

κακάο

de chocolademelk

τσάι

de thee

καφές

de koffie

εσπρέσο

de espresso

καπουτσίνο

de cappuccino

μπανάνα

de banaan

μήλο

de appel

πορτοκάλι

de sinaasappel

πεπόνι

de watermeloen

λεμόνι

de citroen

καρότο

de wortel

σκόρδο

de knoflook

μπαμπού

de bamboe

κρεμμύδι

de ui

μανιτάρι

de paddenstoel

ξηροί καρποί

de noten

νουντλς

de pasta

μακαρόνια

de spaghetti

ρύζι

de rijst

σαλάτα

de salade

πατατάκια

de friet

τηγανητές πατάτες

de gebakken aardappelen

πίτσα

de pizza

χάμπουργκερ

de hamburger

σάντουιτς

de sandwich

κοτολέτα

de schnitzel

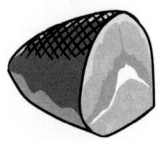

ζαμπόν

de ham

σαλάμι

de salami

λουκάνικο

de worst

κοτόπουλο

de kip

ψητό

het gebraad

ψάρι

de vis

χυλός βρώμης

de havermout

μούσλι

de muesli

κορν φλέικς

de cornflakes

αλεύρι

het meel

κρουασάν

de croissant

ψωμάκι

de broodjes

ψωμί

het brood

τοστ

de toast

μπισκότα

de koekjes

βούτυρο

de boter

τυρόπηγμα

de kwark

κέικ

de taart

αυγό

het ei

τηγανητό αυγό

het gebakken ei

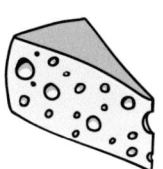

τυρί

de kaas

παγωτό

het ijs

ζάχαρη

de suiker

μέλι

de honing

μαρμελάδα

de jam

άλλειμμα σοκολάτας

de chocoladepasta

κάρυ

de kerrie

αγρόκτημα
de boerderij

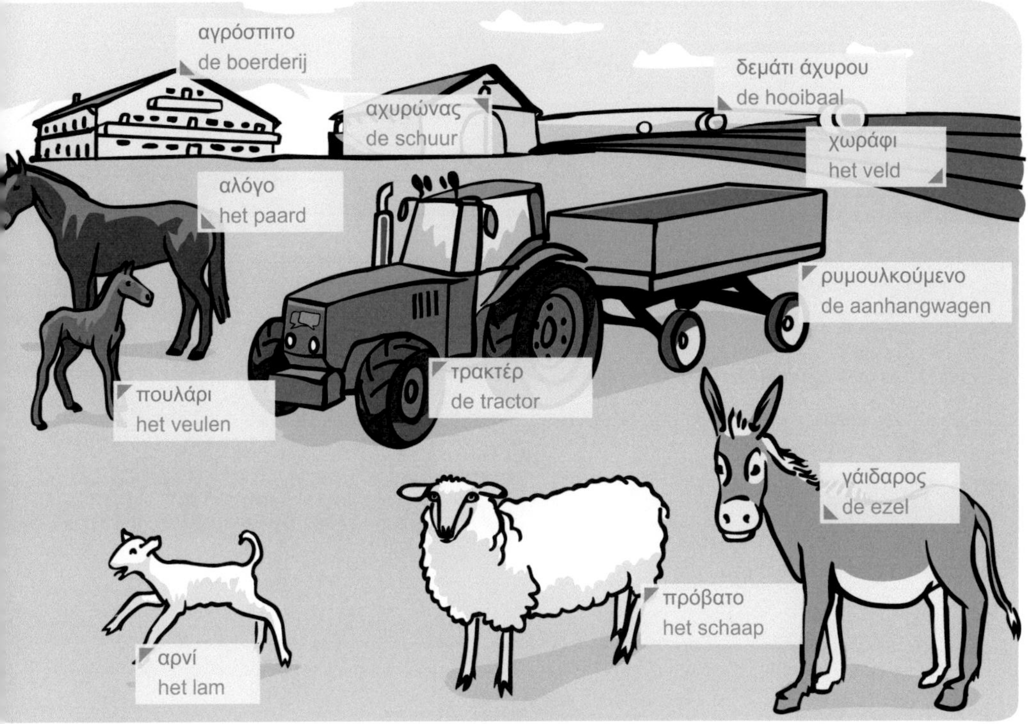
αγρόσπιτο
de boerderij
αχυρώνας
de schuur
δεμάτι άχυρου
de hooibaal
χωράφι
het veld
αλόγο
het paard
ρυμουλκούμενο
de aanhangwagen
τρακτέρ
de tractor
πουλάρι
het veulen
γάιδαρος
de ezel
πρόβατο
het schaap
αρνί
het lam

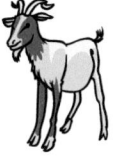

κατσίκα

de geit

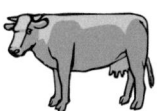

αγελάδα

de koe

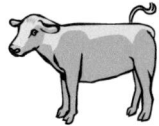

μοσχαράκι

het kalf

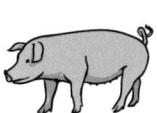

γουρούνι

het varken

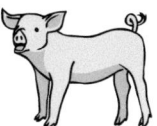

γουρουνάκι

de big

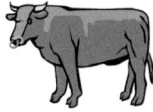

ταύρος

de stier

χήνα

de gans

πάπια

de eend

κοτοπουλάκι

het kuiken

κότα

de kip

κόκορας

de haan

αρουραίος

de rat

γάτα

de kat

ποντίκι

de muis

βόδι

de os

σκύλος

de hond

σπιτάκι σκύλου

het hondenhok

λάστιχο κήπου

de tuinslang

ποτιστήρι

de gieter

θεριστήρι

de zeis

αλέτρι

de ploeg

δρεπάνι

de sikkel

τσάπα

de schoffel

δίκρανο

de hooivork

τσεκούρι

de bijl

χειράμαξα

de kruiwagen

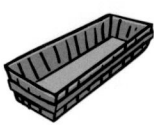

ταΐστρα

de trog

δοχείο γάλακτος

de melkbus

σάκος

de zak

φράχτης

het hek

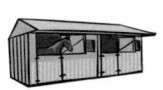

στάβλος

de stal

θερμοκήπιο

de broeikas

έδαφος

de grond

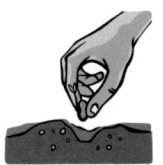

σπόρος

het zaad

λίπασμα

de mest

θεριζοαλωνιστική μηχανή

de maaidorser

αγρόκτημα - de boerderij

29

θερίζω

oogsten

συγκομιδή

de oogst

γιαμς

de yam

σιτάρι

de tarwe

σόγια

de soja

πατάτα

de aardappel

καλαμπόκι

de maïs

κράμβη

het koolzaad

οπωροφόρο δέντρο

de fruitboom

μανιόκα

de maniok

δημητριακά

de granen

σπίτι
het huis

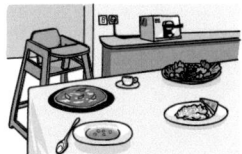

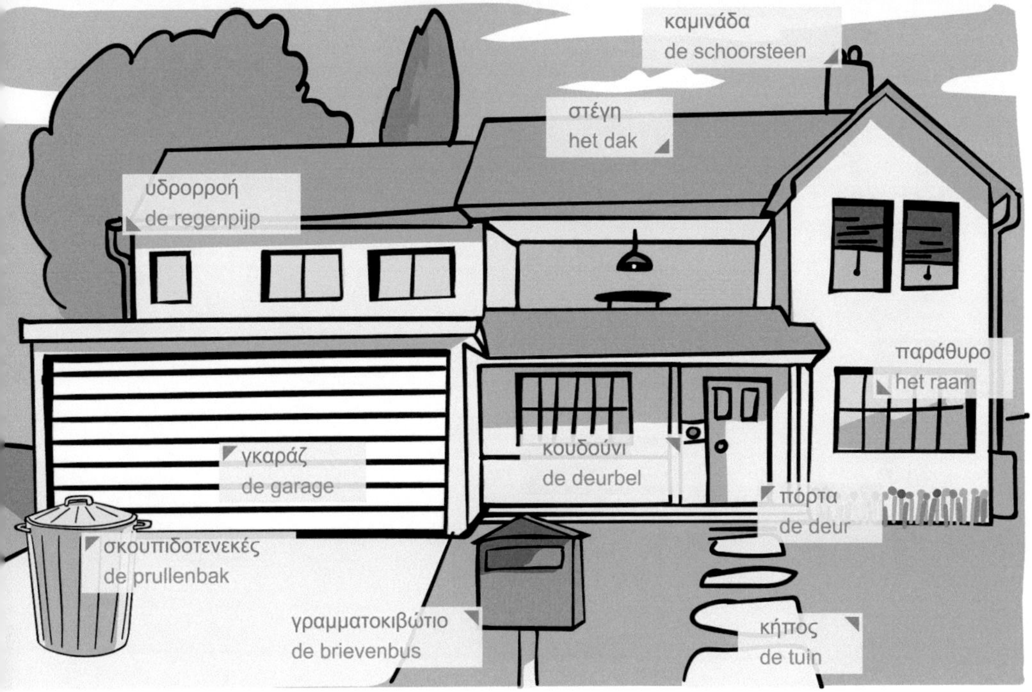
καμινάδα
de schoorsteen
στέγη
het dak
υδρορροή
de regenpijp
παράθυρο
het raam
γκαράζ
de garage
κουδούνι
de deurbel
πόρτα
de deur
σκουπιδοτενεκές
de prullenbak
γραμματοκιβώτιο
de brievenbus
κήπος
de tuin

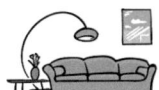

σαλόνι

de woonkamer

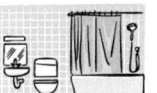

μπάνιο

de badkamer

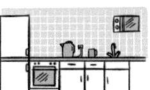

κουζίνα

de keuken

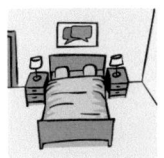

υπνοδωμάτιο

de slaapkamer

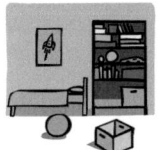

παιδικό δωμάτιο

de kinderkamer

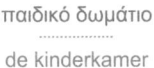

τραπεζαρία

de eetkamer

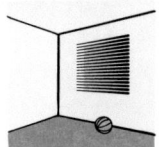

πάτωμα

de vloer

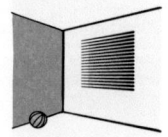

τοίχος

de muur

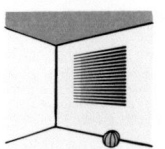

οροφή

het plafond

κελάρι

de kelder

σάουνα

de sauna

μπαλκόνι

het balkon

βεράντα

het terras

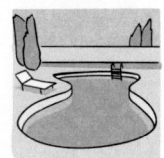

πισίνα

het zwembad

μηχανή του γκαζόν

de grasmaaier

σεντόνι

het laken

κάλυμμα κρεβατιού

de bedsprei

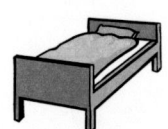

κρεβάτι

het bed

σκούπα

de bezem

κουβάς

de emmer

διακόπτης

de schakelaar

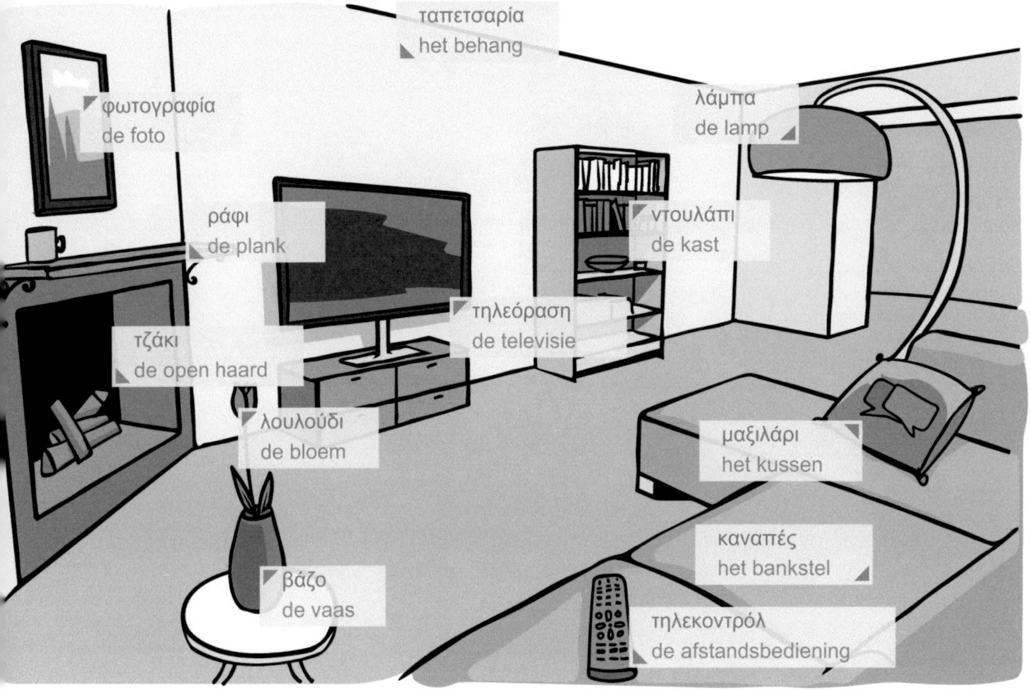

ταπετσαρία
het behang

φωτογραφία
de foto

λάμπα
de lamp

ράφι
de plank

ντουλάπι
de kast

τζάκι
de open haard

τηλεόραση
de televisie

λουλούδι
de bloem

μαξιλάρι
het kussen

καναπές
het bankstel

βάζο
de vaas

τηλεκοντρόλ
de afstandsbediening

χαλί
het tapijt

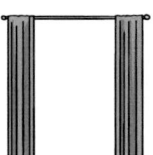

κουρτίνα
het gordijn

τραπέζι
de tafel

καρέκλα
de stoel

κουνιστή πολυθρόνα
de schommelstoel

πολυθρόνα
de stoel

βιβλίο

het boek

κουβέρτα

de deken

διακόσμηση

de decoratie

καυσόξυλα

het brandhout

ταινία

de film

στερεοφωνικό σύστημα

de stereo-installatie

κλειδί

de sleutel

εφημερίδα

de krant

πίνακας ζωγραφικής

het schilderij

αφίσα

de poster

ραδιόφωνο

de radio

σημειωματάριο

het kladblok

ηλεκτρική σκούπα

de stofzuiger

κάκτος

de cactus

κερί

de kaars

κουζίνα
de keuken

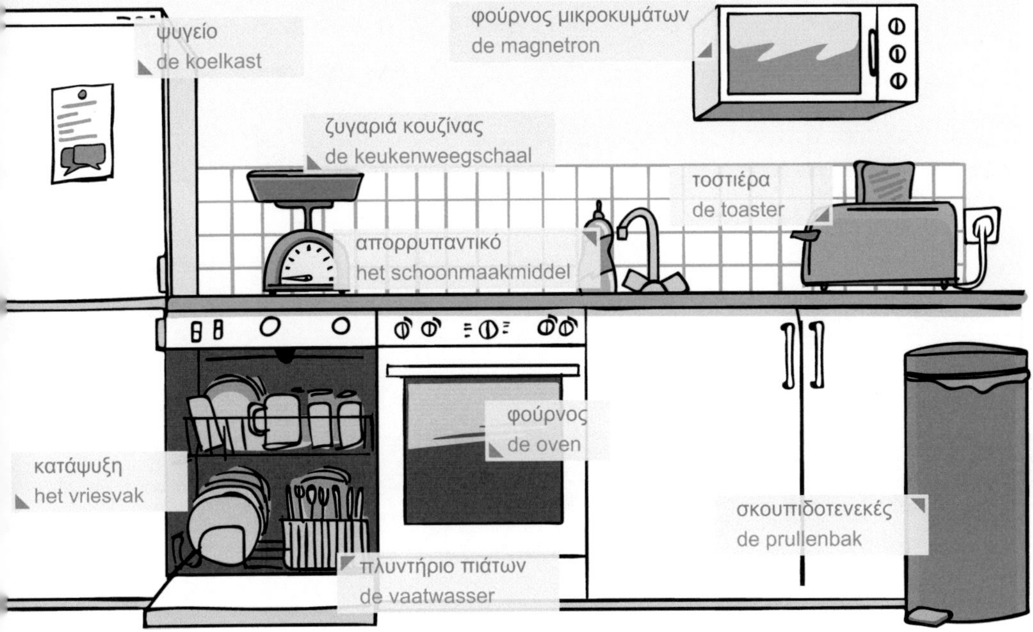

ψυγείο
de koelkast
φούρνος μικροκυμάτων
de magnetron
ζυγαριά κουζίνας
de keukenweegschaal
τοστιέρα
de toaster
απορρυπαντικό
het schoonmaakmiddel
φούρνος
de oven
κατάψυξη
het vriesvak
σκουπιδοτενεκές
de prullenbak
πλυντήριο πιάτων
de vaatwasser

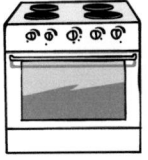

κουζίνα

het fornuis

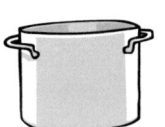

κατσαρόλα

de pan

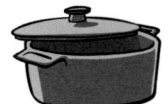

μαντεμένια κατσαρόλα

de gietijzeren pan

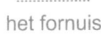

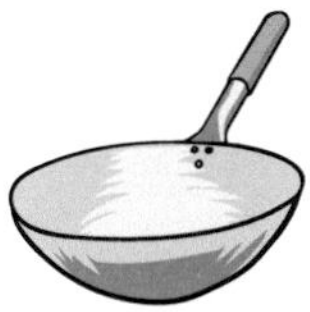

γουόκ/καντάι

de wok / kadai

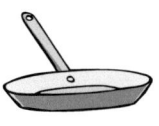

τηγάνι

de koekenpan

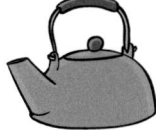

βραστήρας

de ketel

α?μομάγειρας

de stoomkoker

?αψί

de bakplaat

πια?ικά

het servies

κούπα

de beker

μπολ

de kom

ξυλάκια

de eetstokjes

κου?άλα

de soeplepel

σπά?ουλα

de spatel

ανακα?εύω

de garde

σουρω?ήρι

het vergiet

σουρω?ηράκι

de zeef

?ρίφ?ης

de rasp

γουδί

de vijzel

ψησ?αριά

de barbecue

ανοιχ?ή φω?ιά

de vuurhaard

σανίδα κοπής

de snijplank

πλάστης

de deegroller

ανοιχτήρι φελλών

de kurkentrekker

κονσέρβα

het blik

ανοιχτήρι κονσέρβας

de blikopener

γάντι φούρνου

de pannenlap

νεροχύτης

de wasbak

βούρτσα

de borstel

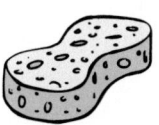

σφουγγάρι

de spons

μπλέντερ

de blender

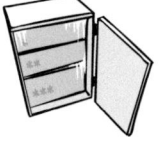

καταψύκτης

de vriezer

μπιμπερό

het babyflesje

βρύση

de kraan

μπάνιο
de badkamer

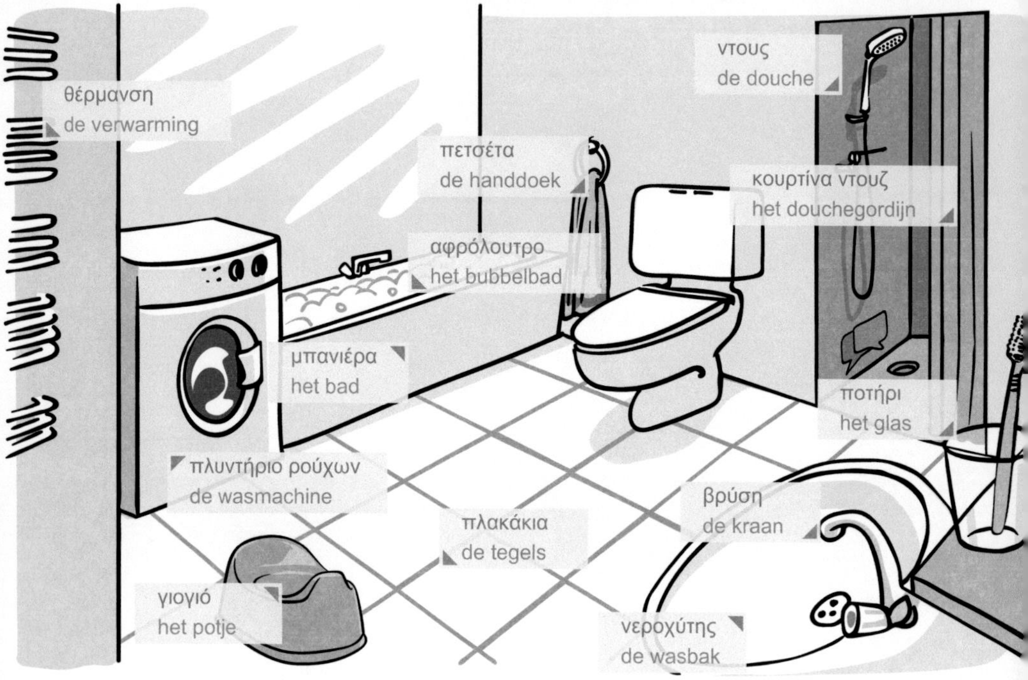

θέρμανση
de verwarming

ντους
de douche

πετσέτα
de handdoek

κουρτίνα ντουζ
het douchegordijn

αφρόλουτρο
het bubbelbad

μπανιέρα
het bad

ποτήρι
het glas

πλυντήριο ρούχων
de wasmachine

πλακάκια
de tegels

βρύση
de kraan

γιογιό
het potje

νεροχύτης
de wasbak

τουαλέτα
het toilet

τούρκικη τουαλέτα
het hurktoilet

μπιντές
de/het bidet

ουρητήριο
het urinoir

χαρτί υγείας
het toiletpapier

πιγκάλ
de toiletborstel

οδοντόβουρτσα

de tandenborstel

οδοντόκρεμα

de tandpasta

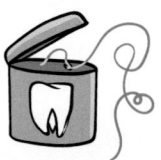

οδοντικό νήμα

het flosdraad

πλένω

wassen

τηλέφωνο ντους

de handdouche

ντουσιέρα

de toiletdouche

λεκάνη

de waskom

βούρτσα πλάτης

de rugborstel

σαπούνι

de zeep

αφρόλουτρο

de douchegel

σαμπουάν

de shampoo

φανέλα

het washandje

σιφόνι

de afvoer

κρέμα

de creme

αποσμητικό

de deodorant

καθρέφτης

de spiegel

καθρέφτης χειρός

de make-upspiegel

ξυραφάκι

het scheermes

αφρός ξυρίσματος

het scheerschuim

αφτερσέιβ

de aftershave

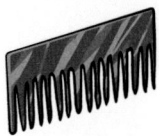

χτένα

de kam

βούρτσα

de borstel

σεσουάρ

de haardroger

λακ

de haarspray

μακιγιάζ

de make-up

κραγιόν

de lippenstift

βερνίκι νυχιών

de nagellak

βαμβάκι

de watten

ψαλίδι νυχιών

het nagelschaartje

άρωμα

de/het parfum

νεσεσέρ
de toilettas

σκαμπό
de kruk

ζυγαριά
de weegschaal

μπουρνούζι
de badjas

ελαστικά γάντια
de rubber handschoenen

ταμπόν
de tampon

πετσέτα υγιεινής
het maandverband

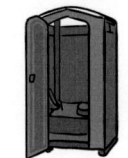

χημική τουαλέτα
het chemisch toilet

παιδικό δωμάτιο

de kinderkamer

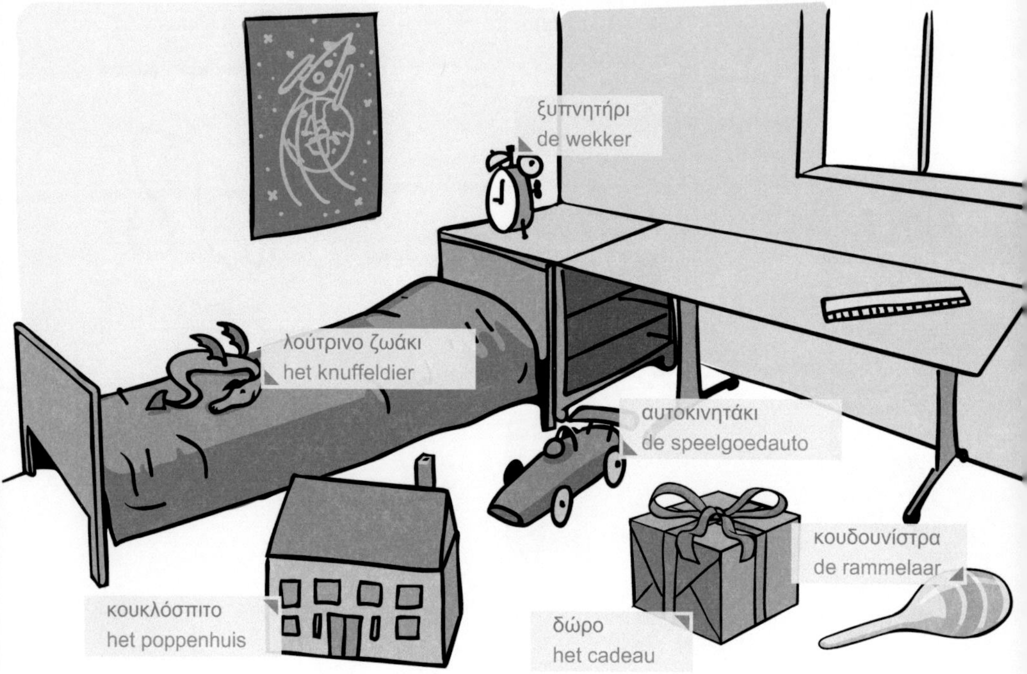
ξυπνητήρι
de wekker
λούτρινο ζωάκι
het knuffeldier
αυτοκινητάκι
de speelgoedauto
κουδουνίστρα
de rammelaar
κουκλόσπιτο
het poppenhuis
δώρο
het cadeau

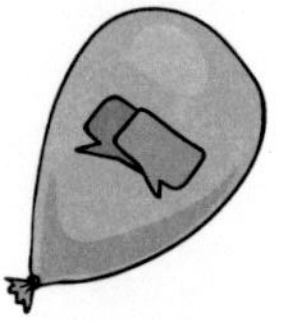

μπαλόνι

de ballon

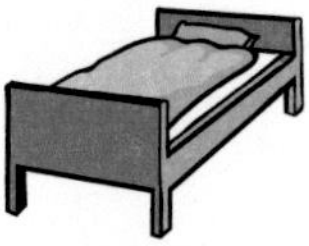

κρεβάτι

het bed

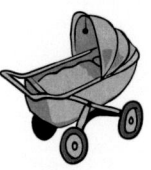

καροτσάκι

de kinderwagen

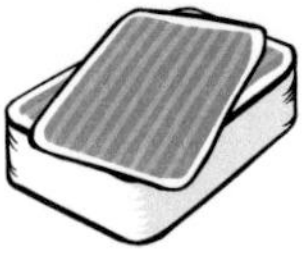

τράπουλα

het kaartspel

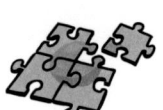

παζλ

de puzzel

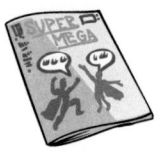

κόμικς

het stripverhaal

τουβλάκια lego

de legostenen

τουβλάκια κατασκευών

de speelgoedblokken

φιγούρα δράσης

het actiefiguurtje

βρεφικό φορμάκι

de romper

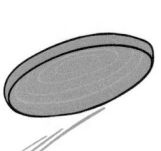

φρίσμπι

de frisbee

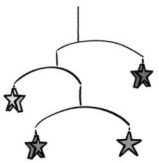

μόμπιλο

de/het mobile

επιτραπέζιο παιχνίδι

het bordspel

ζάρια

de dobbelsteen

σετ τρενάκι

de modeltrein

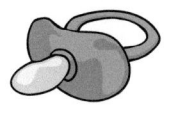

πιπίλα

de speen

πάρτι

het feestje

εικονογραφημένο βιβλίο

het prentenboek

μπάλα

de bal

κούκλα

de pop

παίζω

spelen

σκάμμα με άμμο

de zandbak

κούνια

de schommel

παιχνίδια

het speelgoed

κονσόλα βιντεοπαιχνιδιών

de spelcomputer

τρίκυκλο

de driewieler

αρκουδάκι

de teddybeer

ντουλάπα

de kleerkast

ρούχα
de kleding

κάλτσες

de sokken

καλτσοδέτες

de kousen

καλσόν

de panty

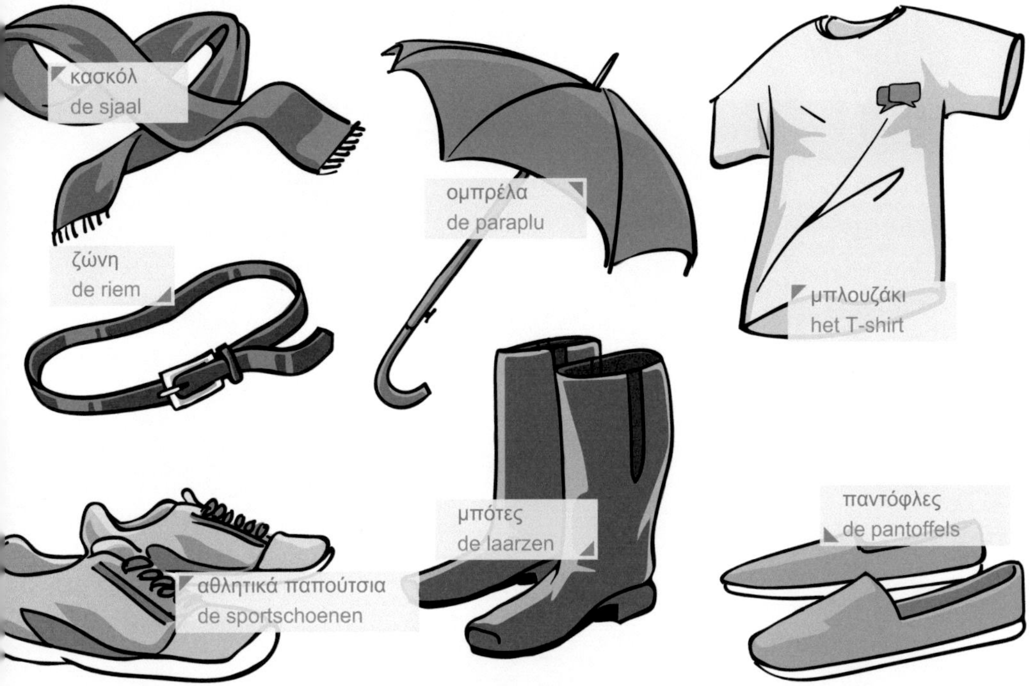

κασκόλ
de sjaal

ομπρέλα
de paraplu

ζώνη
de riem

μπλουζάκι
het T-shirt

μπότες
de laarzen

παντόφλες
de pantoffels

αθλητικά παπούτσια
de sportschoenen

σανδάλια
de sandalen

παπούτσια
de schoenen

γαλότσες
de rubberlaarzen

εσώρουχο
de onderbroek

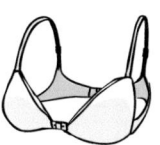

σουτιέν
de beha

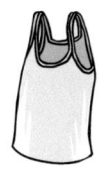

φανέλα
het onderhemd

σώμα

de body

παντελόνι

de broek

τζιν παντελόνι

de spijkerbroek

φούστα

de rok

μπλούζα

de blouse

πουκάμισο

het overhemd

πουλόβερ

de trui

πουλόβερ

de hoody

σακάκι

de blazer

μπουφάν

de jas

παλτό

de mantel

αδιάβροχο πανωφόρι

de regenjas

κοστούμι

het kostuum

φόρεμα

de jurk

νυφικό

de trouwjurk

κοστούμι

het pak

νυχτικό

het nachthemd

πιτζάμες

de pyjama

σάρι

de sari

μαντήλι

de hoofddoek

τουρμπάνι

de tulband

μπούρκα

de boerka

καφτάνι

de kaftan

μουσουλμανικό ένδυμα

de abaja

ολόσωμο μαγιό

het zwempak

ανδρικό μαγιό

de zwembroek

σορτς

de korte broek

αθλητική φόρμα

het trainingspak

ποδιά

de/het schort

γάντια

de handschoenen

ρούχα - de kleding

47

κουμπί

de knoop

γυαλιά

de bril

βραχιόλι

de armband

περιδέραιο

de ketting

δαχτυλίδι

de ring

σκουλαρίκι

de oorbel

καπέλο

de pet

κρεμάστρα

de kledinghanger

καπέλο

de hoed

γραβάτα

de stropdas

φερμουάρ

de rits

κράνος

de helm

τιράντες

de bretels

μαθητική στολή

het schooluniform

στολή

het uniform

σαλιάρα

het slabbetje

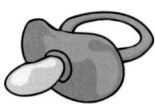

πιπίλα

de speen

πάνα

de luier

γραφείο
het kantoor

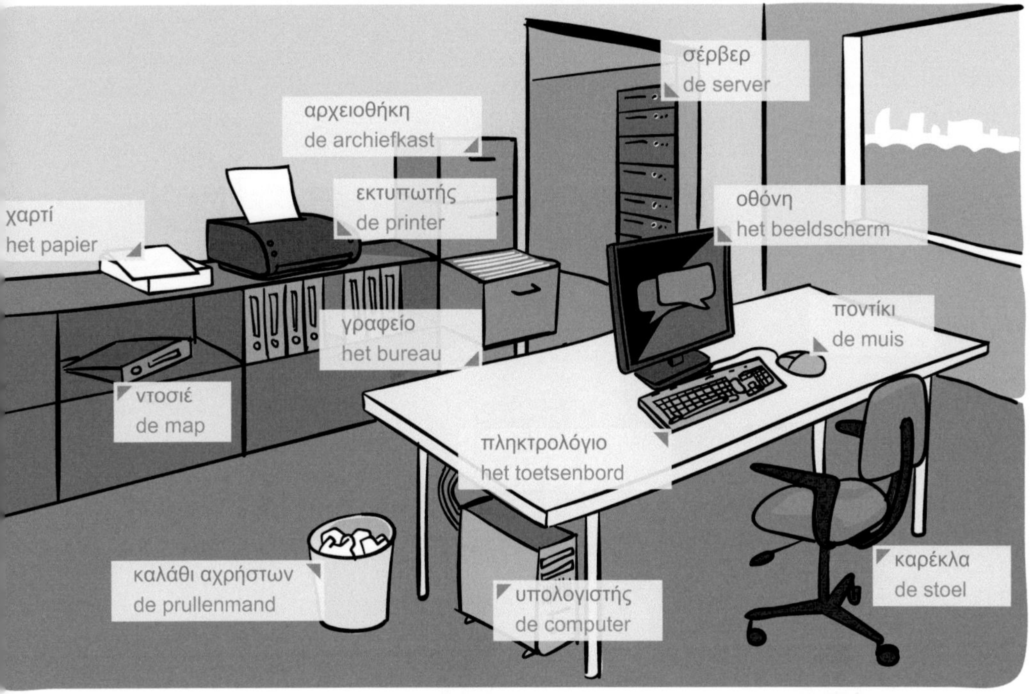

κούπα του καφέ

de koffiemok

κομπιουτεράκι

de rekenmachine

ίντερνετ

het internet

γραφείο - het kantoor

49

λάπτοπ

de laptop

γράμμα

de brief

μήνυμα

het bericht

κινητό

de mobiele telefoon

δίκτυο

het netwerk

φωτοτυπικό μηχάνημα

de kopieermachine

λογισμικό

de software

τηλέφωνο

de telefoon

πρίζα

het stopcontact

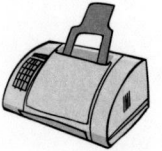

συσκευή φαξ

de fax

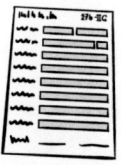

έντυπο

het formulier

έγγραφο

het document

αγοράζω
kopen

πληρώνω
betalen

συναλλάσσομαι
handel drijven

χρήματα
het geld

δολάριο
de dollar

ευρώ
de euro

γιεν
de yen

ρούβλι
de roebel

ελβετικό φράγκο
de Zwitserse frank

ρενμίνμπι γιουάν
de renminbi yuan

ρουπία
de roepie

ΑΤΜ (αυτόματη ταμειακή μηχανή)
de geldautomaat

ανταλλακτήρια
συναλλάγματος

het wisselkantoor

χρυσός

het goud

ασήμι

het zilver

πετρέλαιο

de olie

ενέργεια

de energie

τιμή

de prijs

συμβόλαιο

het contract

φόρος

de belasting

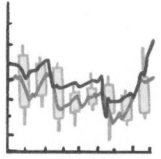

μετοχή

het aandeel

δουλεύω

werken

υπάλληλος

de werknemer

εργοδότης

de werkgever

εργοστάσιο

de fabriek

κατάστημα

de winkel

επαγγέλματα
de beroepen

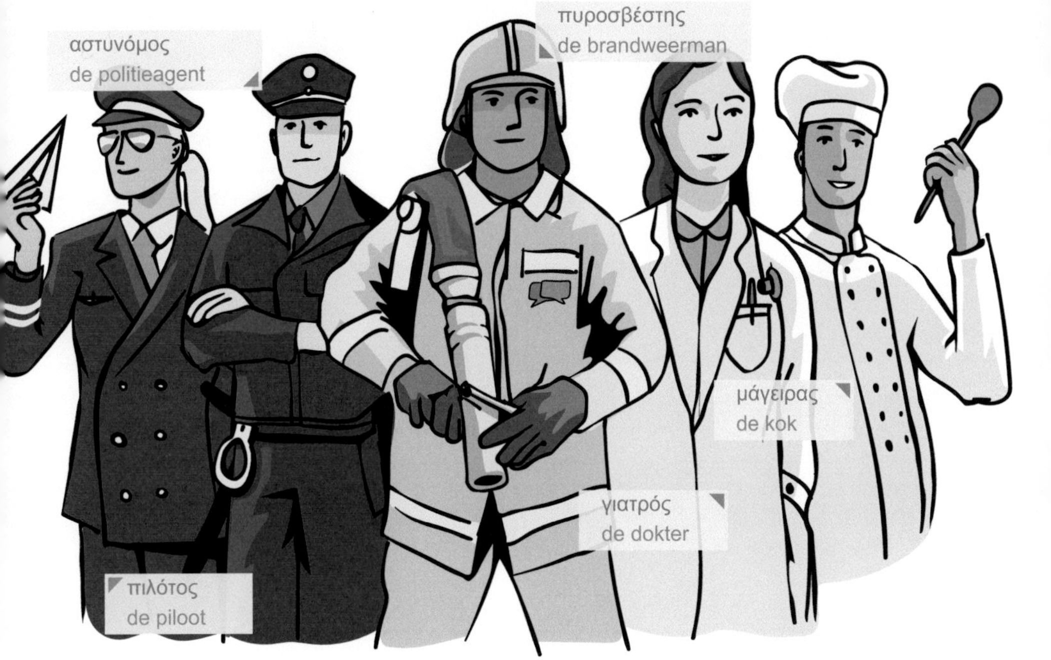

αστυνόμος
de politieagent
πυροσβέστης
de brandweerman
μάγειρας
de kok
γιατρός
de dokter
πιλότος
de piloot

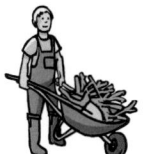

κηπουρός

de tuinman

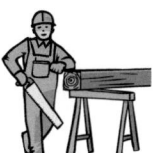

ξυλουργός

de timmerman

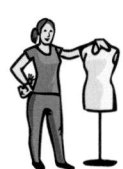

μοδίστρα

de naaister

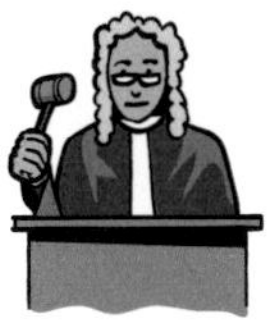

δικαστής

de rechter

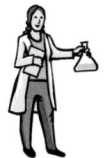

χημικός

de scheikundige

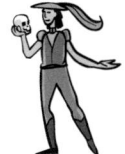

ηθοποιός

de toneelspeler

οδηγός λεωφορείου

de buschauffeur

ταξιτζής

de taxichauffeur

ψαράς

de visser

καθαρίστρια

de schoonmaakster

τεχνίτης στεγών

de dakdekker

σερβιτόρος

de ober

κυνηγός

de jager

ζωγράφος

de schilder

αρτοποιός

de bakker

ηλεκτρολόγος

de elektricien

οικοδόμος

de bouwvakker

μηχανολόγος

de ingenieur

κρεοπώλης

de slager

υδραυλικός

de loodgieter

ταχυδρόμος

de postbode

στρατιώτης

de soldaat

αρχιτέκτονας

de architect

ταμίας

de kassier

ανθοπώλης

de bloemist

κομμωτής

de kapper

ελεγκτής εισιτηρίων

de conducteur

μηχανικός

de monteur

καπετάνιος

de kapitein

οδοντίατρος

de tandarts

επιστήμονας

de wetenschapper

ραβίνος

de rabbi

ιμάμης

de imam

μοναχός

de monnik

ιερέας

de pastoor

εργαλεία
het gereedschap

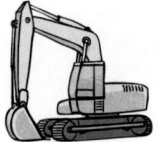

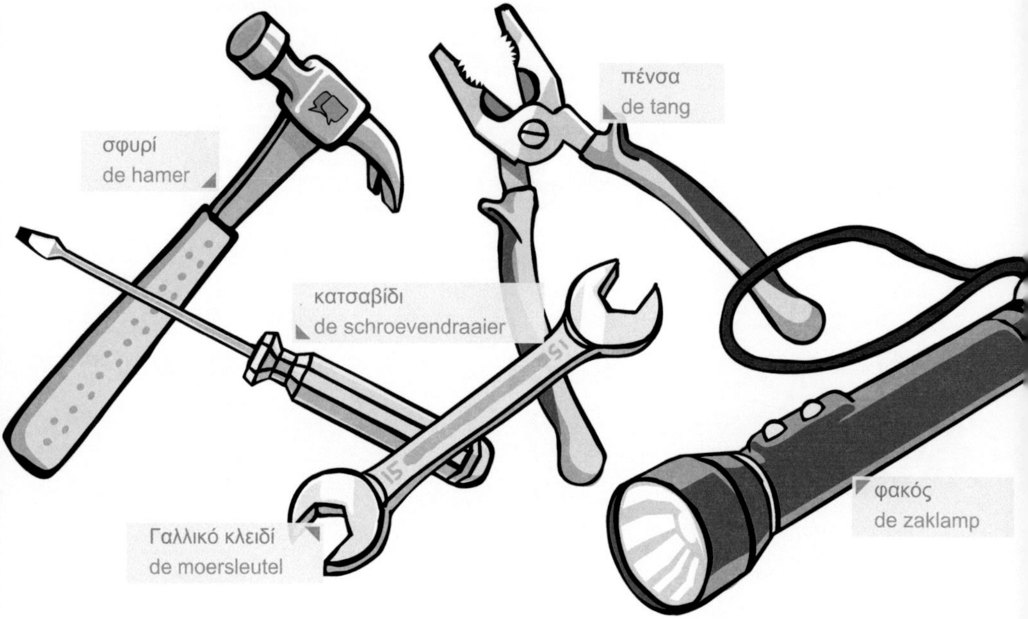
σφυρί
de hamer
πένσα
de tang
κατσαβίδι
de schroevendraaier
Γαλλικό κλειδί
de moersleutel
φακός
de zaklamp

εκσκαφέας

de graafmachine

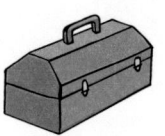

εργαλειοθήκη

de gereedschapskist

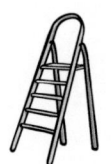

σκάλα

de ladder

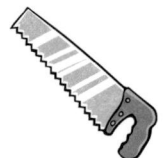

πριόνι

de zaag

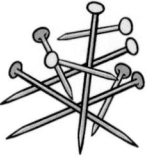

καρφιά

de spijkers

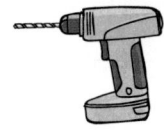

τρυπάνι

de boor

επισκευάζω

repareren

φτυάρι

de schep

Να πάρει!

Verdorie!

φαράσι

het stofblik

δοχείο χρωμάτων

de verfpot

βίδες

de schroeven

μουσικά όργανα
de muziekinstrumenten

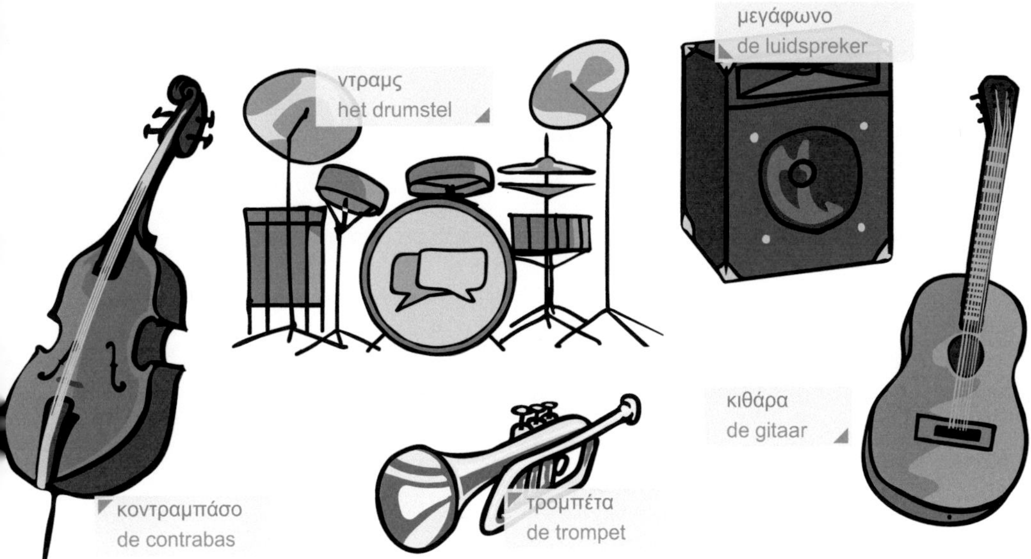

μεγάφωνο
de luidspreker

ντραμς
het drumstel

κοντραμπάσο
de contrabas

τρομπέτα
de trompet

κιθάρα
de gitaar

πιάνο
de piano

βιολί
de viool

μπάσο
de bas

τύμπανα
de pauk

τύμπανο
de trommel

πλήκτρα
het keyboard

σαξόφωνο
de saxofoon

φλάουτο
de fluit

μικρόφωνο
de microfoon

ζωολογικός κήπος
de dierentuin

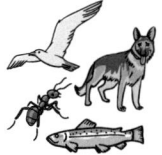

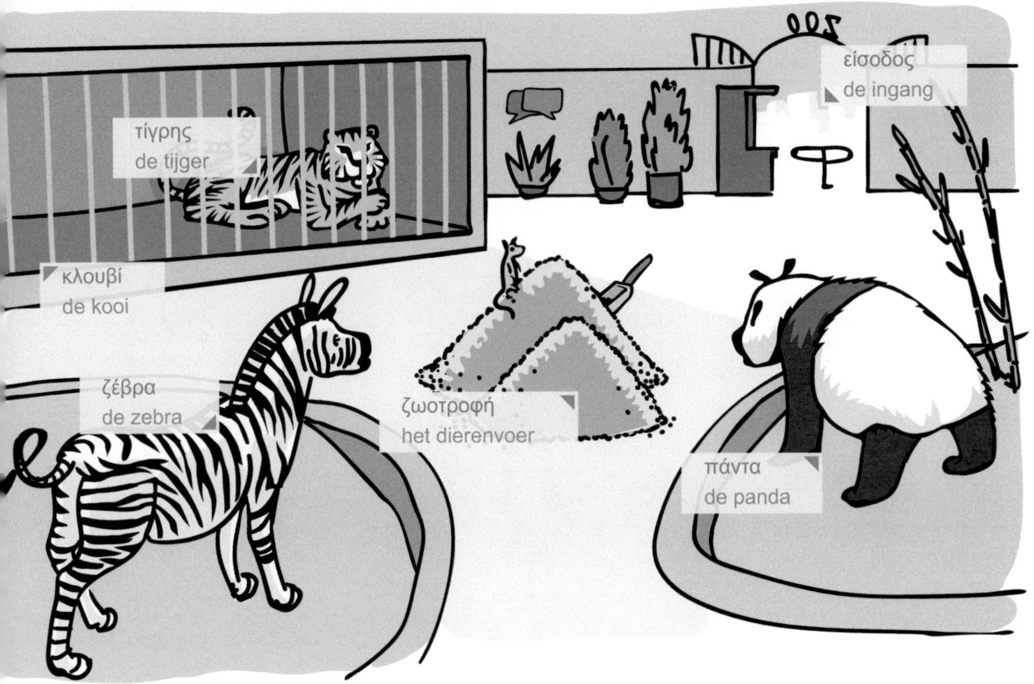
είσοδος
de ingang
τίγρης
de tijger
κλουβί
de kooi
ζέβρα
de zebra
ζωοτροφή
het dierenvoer
πάντα
de panda

ζώα
de dieren

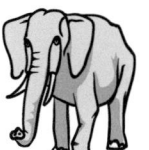

ελέφαντας
de olifant

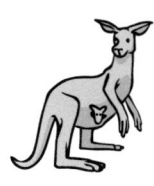

καγκουρό
de kangoeroe

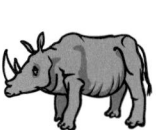

ρινόκερος
de neushoorn

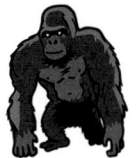

γορίλας
de gorilla

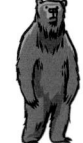

αρκούδα
de beer

καμήλα

de kameel

στρουθοκάμηλος

de struisvogel

λιοντάρι

de leeuw

πίθηκος

de aap

φλαμίνγκο

de flamingo

παπαγάλος

de papegaai

πολική αρκούδα

de ijsbeer

πιγκουίνος

de pinguïn

καρχαρίας

de haai

παγώνι

de pauw

φίδι

de slang

κροκόδειλος

de krokodil

φύλακας ζωολογικού κήπου

de dierenverzorger

φώκια

de zeehond

τζάγκουαρ

de jaguar

πόνυ

de pony

λεοπάρδαλη

de/het luipaard

ιπποπόταμος

het nijlpaard

καμηλοπάρδαλη

de giraffe

αετός

de adelaar

αγριογούρουνο

het wild zwijn

ψάρι

de vis

χελώνα

de schildpad

θαλάσσιος ίππος

de walrus

αλεπού

de vos

γαζέλα

de gazelle

αθλήματα
de sport

Αμερικάνικο ποδόσφαιρο
American football

ποδηλασία
wielrennen

αντισφαίριση
tennis

μπάσκετ
basketbal

κολύμβηση
zwemmen

πυγχαμία
boksen

χόκεϋ επί πάγου
ijshockey

ποδόσφαιρο
voetbal

μπάντμιντον
badminton

στίβος
atletiek

χάντμπολ
handbal

σκι
skiën

πόλο
polo

δραστηριότητες
de activiteiten

γελάω
lachen
πηδάω
springen
αγκαλιάζω
knuffelen
περπατάω
lopen
τραγουδάω
zingen
ονειρεύομαι
dromen
προσεύχομαι
bidden
φιλάω
kussen

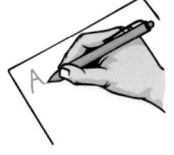

γράφω

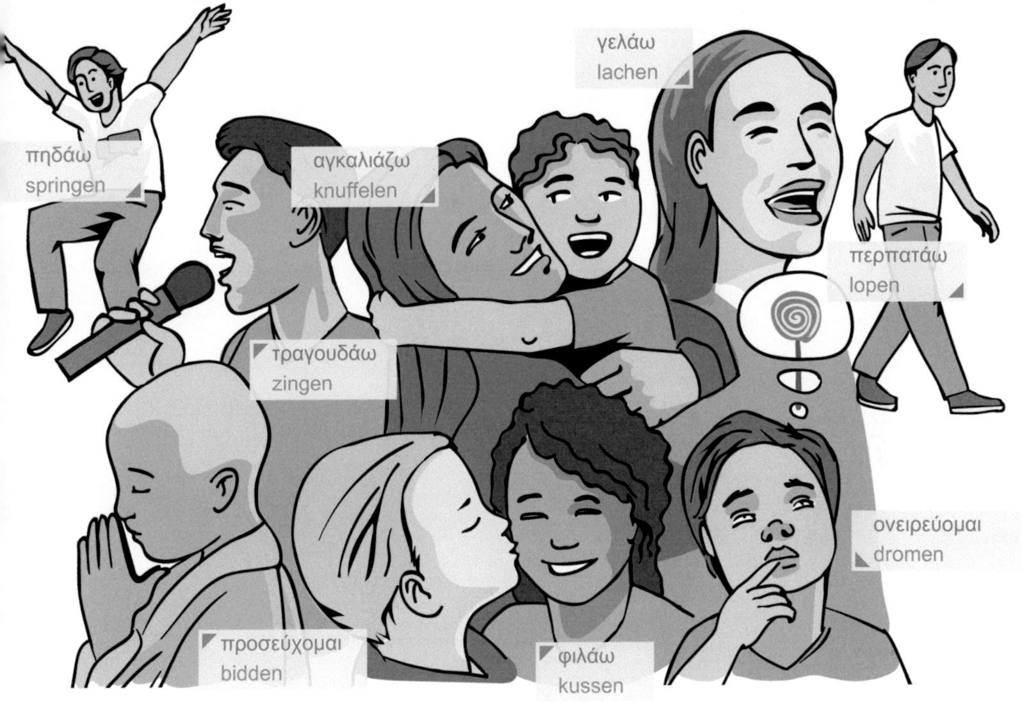

schrijven

σχεδιάζω

tekenen

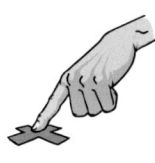

δείχνω

tonen

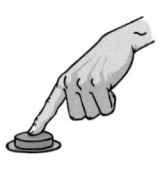

πιέζω

duwen

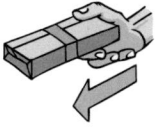

δίνω

geven

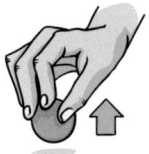

παίρνω

oppakken

έχω

hebben

κάνω

doen

είμαι

zijn

στέκομαι

staan

τρέχω

rennen

τραβάω

trekken

ρίχνω

gooien

πέφτω

vallen

ξαπλώνω

liggen

περιμένω

wachten

κουβαλώ

dragen

κάθομαι

zitten

φοράω

aankleden

κοιμάμαι

slapen

ξυπνάω

wakker worden

κοιτάω

bekijken

κλαίω

huilen

χαϊδεύω

strelen

χτενίζω

kammen

μιλάω

praten

καταλαβαίνω

begrijpen

ρωτάω

vragen

ακούω

horen

πίνω

drinken

τρώω

eten

συγυρίζω

opruimen

αγαπάω

houden van

μαγειρεύω

koken

οδηγώ

rijden

πετάω

vliegen

κάνω ιστιοπλοΐα

zeilen

υπολογίζω

rekenen

διαβάζω

lezen

μαθαίνω

leren

δουλεύω

werken

παντρεύομαι

trouwen

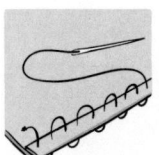

ράβω

naaien

βουρτσίζω τα δόντια

tandenpoetsen

σκοτώνω

doden

καπνίζω

roken

στέλνω

verzenden

οικογένεια

de familie

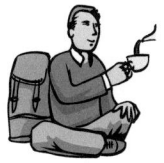

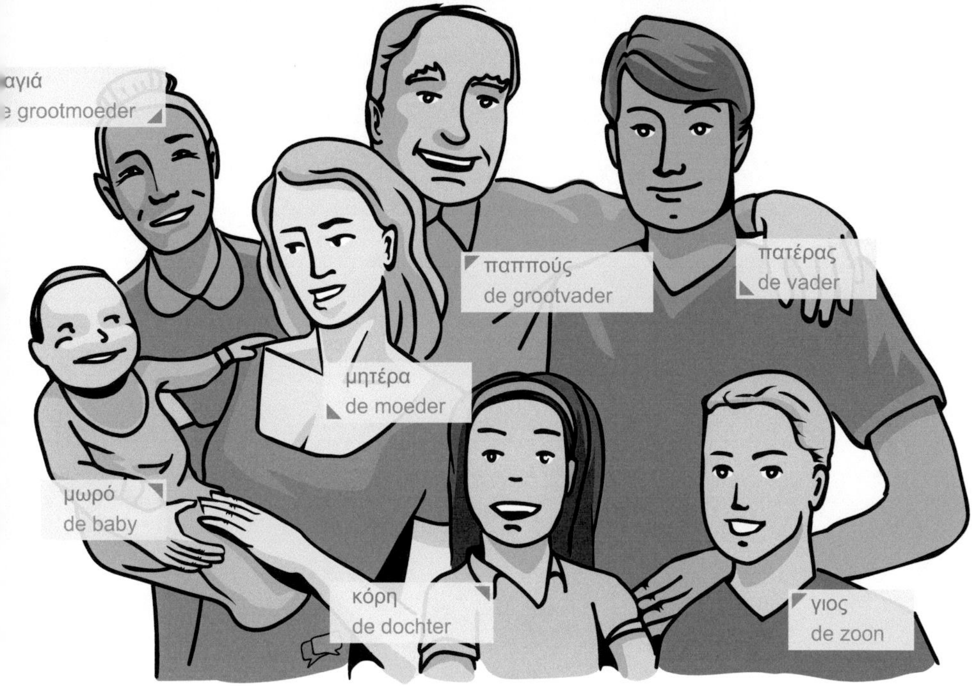

αγιά
grootmoeder
παππούς
de grootvader
πατέρας
de vader
μητέρα
de moeder
μωρό
de baby
κόρη
de dochter
γιος
de zoon

καλεσμένος

de gast

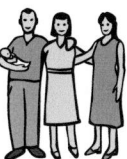

θεία

de tante

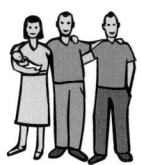

θείος

de oom

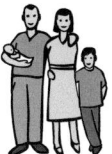

αδελφός

de broer

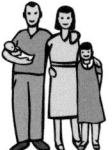

αδελφή

de zus

σώμα
het lichaam

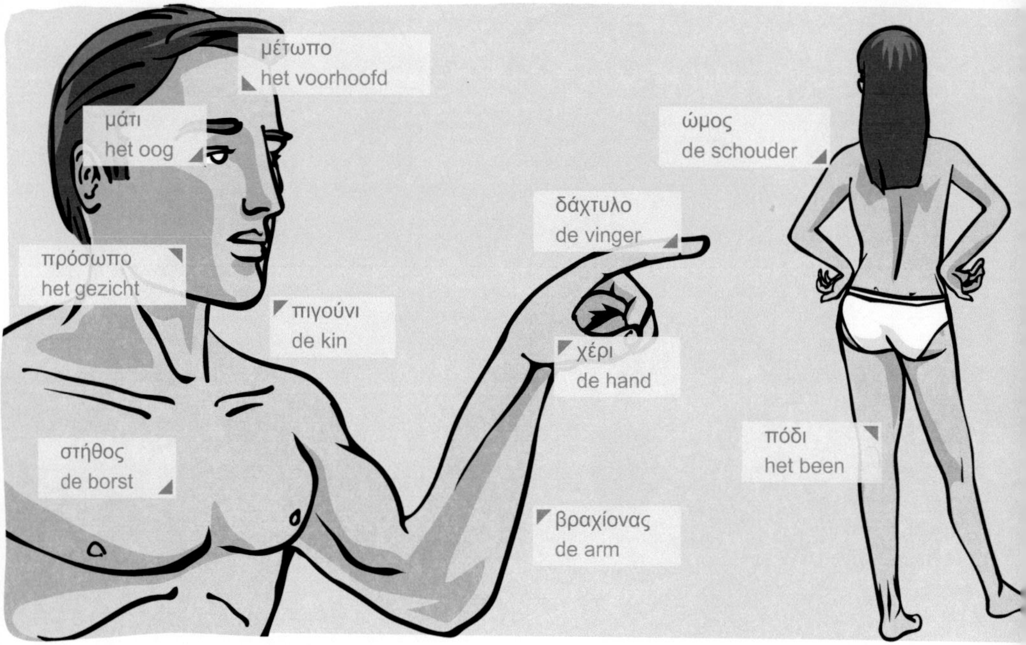

μέτωπο
het voorhoofd

μάτι
het oog

ώμος
de schouder

δάχτυλο
de vinger

πρόσωπο
het gezicht

πιγούνι
de kin

χέρι
de hand

στήθος
de borst

πόδι
het been

βραχίονας
de arm

μωρό
de baby

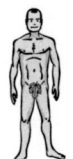

άνδρας
de man

γυναίκα
de vrouw

κορίτσι
het meisje

αγόρι
de jongen

κεφάλι
het hoofd

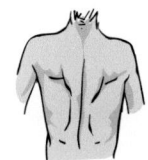

πλάτη

de rug

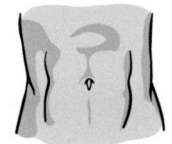

κοιλιά

de buik

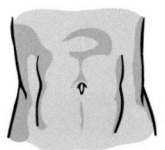

αφαλός

de navel

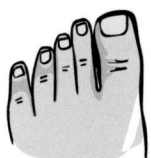

δάχτυλο ποδιού

de teen

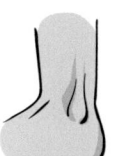

φτέρνα

de hiel

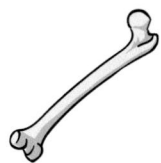

κόκκαλο

het bot

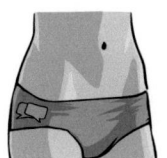

γοφός

de heup

γόνατο

de knie

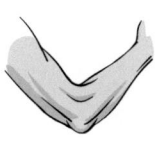

αγκώνας

de elleboog

μύτη

de neus

γλουτός

het achterwerk

δέρμα

de huid

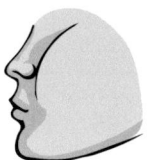

μάγουλο

de wang

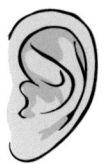

αυτί

het oor

χείλος

de lippen

σώμα - het lichaam

69

στόμα

de mond

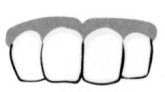

δόντι

de tand

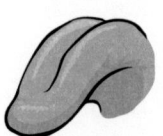

γλώσσα

de tong

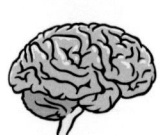

εγκέφαλος

de hersenen

καρδιά

het hart

μυς

de spier

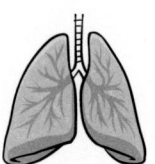

πνεύμονας

de long

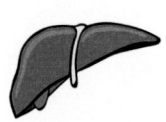

συκώτι

de lever

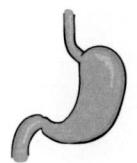

στομάχι

de maag

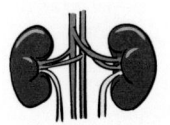

νεφρά

de nieren

σεξουαλική επαφή

de geslachtsgemeenschap

προφυλακτικό

het condoom

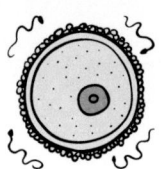

ωάριο

de eicel

σπέρμα

het sperma

εγκυμοσύνη

de zwangerschap

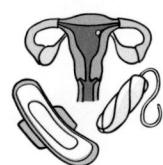

περίοδος

de menstruatie

γυναικείος κόλπος

de vagina

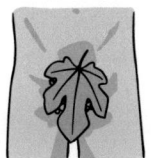

πέος

de penis

φρύδι

de wenkbrauw

μαλλιά

het haar

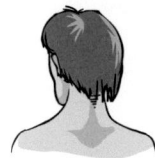

λαιμός

de hals

νοσοκομείο
het ziekenhuis

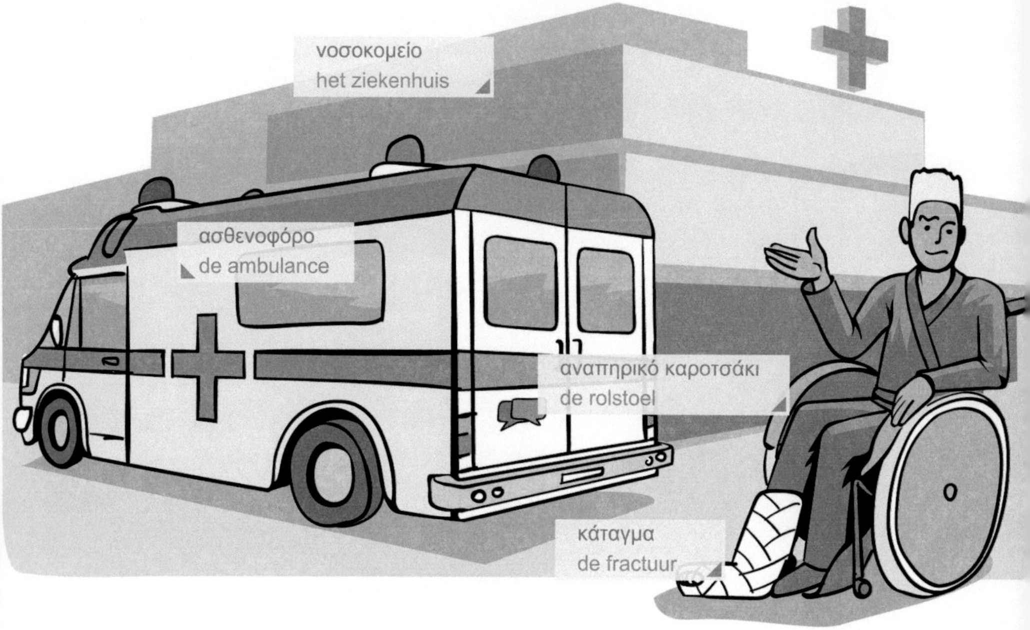

νοσοκομείο
het ziekenhuis
ασθενοφόρο
de ambulance
αναπηρικό καροτσάκι
de rolstoel
κάταγμα
de fractuur

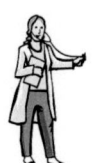

γιατρός

de dokter

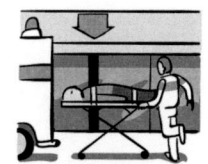

μονάδα εντατικής θεραπείας

de EHBO

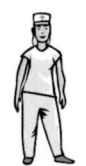

νοσοκόμα

de verpleegster

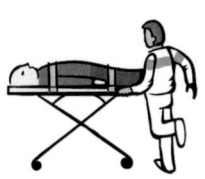

έκτακτη ανάγκη

het noodgeval

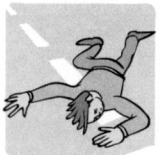

λιπόθυμος

bewusteloos

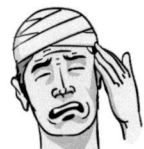

πόνος

de pijn

τραύμα

de verwonding

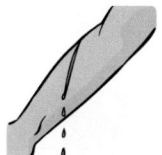

αιμορραγία

de bloeding

έμφραγμα

de hartaanval

εγκεφαλικό

de beroerte

αλλεργία

de allergie

βήχας

de hoest

πυρετός

de koorts

γρίπη

de griep

διάρροια

de diarree

πονοκέφαλος

de hoofdpijn

καρκίνος

de kanker

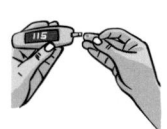

διαβήτης

de diabetes

χειρουργός

de chirurg

νυστέρι

het scalpel

εγχείρηση

de operatie

νοσοκομείο - het ziekenhuis

73

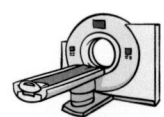

αξονική τομογραφία

de CT

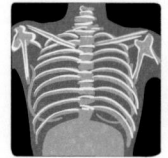

ακτινογραφία

de röntgen

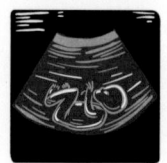

υπέρηχος

de echografie

μάσκα

het gezichtsmasker

ασθένεια

de ziekte

αίθουσα αναμονής

de wachtkamer

πατερίτσα

de kruk

χάνσαπλαστ

de pleister

επίδεσμος

het verband

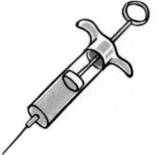

ένεση

de injectie

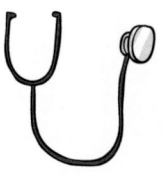

στηθοσκόπιο

de stethoscoop

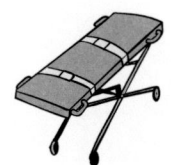

φορείο

de brancard

θερμόμετρο

de thermometer

γέννηση

de geboorte

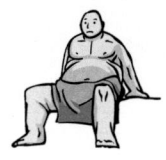

υπέρβαρο

het overgewicht

ακουστικό βαρηκοΐας

het gehoorapparaat

αντισηπτικό

het ontsmettingsmiddel

λοίμωξη

de infectie

ιός

het virus

HIV/AIDS

(de) HIV / AIDS

φάρμακο

het medicijn

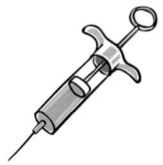

εμβολιασμός

de inenting

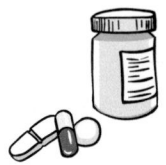

δισκία

de tabletten

χάπι

de pil

κλήση έκτακτης ανάγκης

het alarmnummer

πιεσόμετρο αίματος

de bloeddrukmeter

άρρωστος / υγιής

ziek / gezond

Βοήθεια!

Help!

συναγερμός

het alarm

βιαιοπραγία

de overval

επίθεση

de aanval

κίνδυνος

het gevaar

έξοδος κινδύνου

de nooduitgang

Φωτιά!

Brand!

πυροσβεστήρας

de brandblusser

ατύχημα

het ongeluk

κουτί πρώτων βοηθειών

de EHBO-koffer

SOS

SOS

αστυνομία

de politie

Ευρώπη

Europa

Βόρεια Αμερική

Noord-Amerika

Νότια Αμερική

Zuid-Amerika

Αφρική

Afrika

Ασία

Azië

Αυστραλία

Australië

Ατλαντικός Ωκεανός

de Atlantische Oceaan

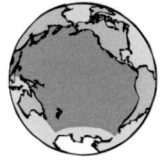

Ειρηνικός Ωκεανός

de Stille Oceaan

Ινδικός Ωκεανός

de Indische Oceaan

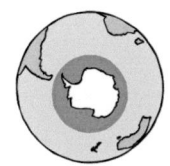

Ανταρκτικός Ωκεανός

de Zuidelijke Oceaan

Αρκτικός Ωκεανός

de Noordelijke IJszee

Βόρειος Πόλος

de Noordpool

Νότιος Πόλος

de Zuidpool

Ανταρκτική

Antarctica

Γη

de aarde

γη

het land

θάλασσα

de zee

νησί

het eiland

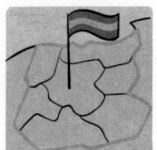

έθνος

de natie

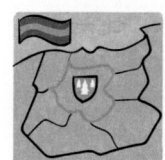

πολιτεία

de staat

καντράν ρολογιού

de wijzerplaat

ωροδείκτης

de uurwijzer

λεπτοδείκτης

de minutenwijzer

δείκτης δευτερολέπτων

de secondewijzer

Τι ώρα είναι;

Hoe laat is het?

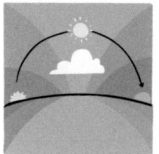

ημέρα

de dag

χρόνος

de tijd

τώρα

nu

ψηφιακό ρολόι

het digitaal horloge

λεπτό

de minuut

ώρα

het uur

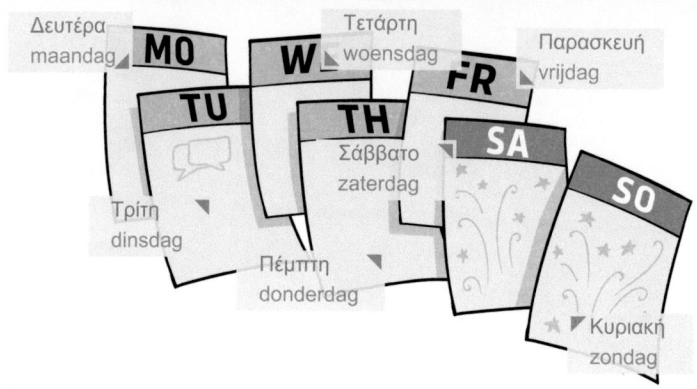

Δευτέρα maandag
Τρίτη dinsdag
Τετάρτη woensdag
Πέμπτη donderdag
Παρασκευή vrijdag
Σάββατο zaterdag
Κυριακή zondag

χθες

gisteren

σήμερα

vandaag

αύριο

morgen

πρωί

de ochtend

μεσημέρι

de middag

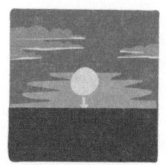

βράδυ

de avond

εργάσιμες ημέρες

de werkdagen

Σαββατοκύριακο

het weekend

βροχή
de regen

ουράνιο τόξο
de regenboog

χιόνι
de sneeuw

άνεμος
de wind

άνοιξη
het voorjaar

φθινόπωρο
de herfst

καλοκαίρι
de zomer

χειμώνας
de winter

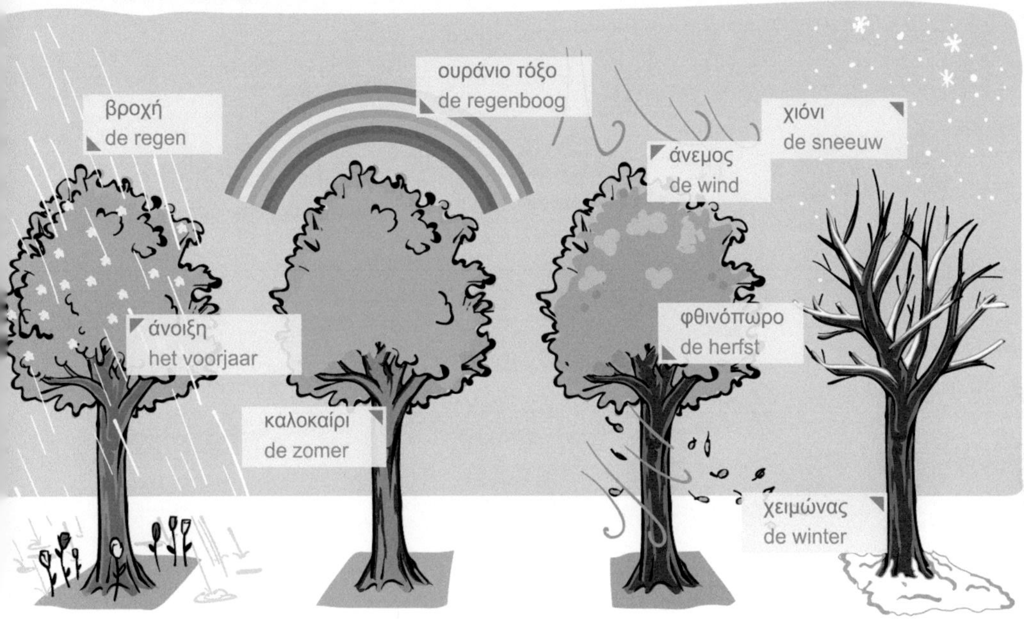

πρόγνωση καιρού

het weerbericht

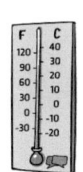

θερμόμετρο

de thermometer

λιακάδα

de zonneschijn

σύννεφο

de wolk

ομίχλη

de mist

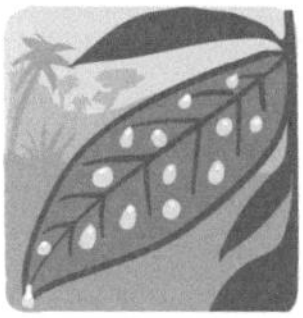

υγρασία

de luchtvochtigheid

αστραπή

de bliksem

κεραυνός

de donder

καταιγίδα

de storm

χαλάζι

de hagel

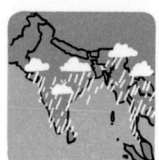

μουσώνας

de moesson

πλημμύρα

de overstroming

πάγος

het ijs

Ιανουάριος

januari

Φεβρουάριος

februari

Μάρτιος

maart

Απρίλιος

april

Μάιος

mei

Ιούνιος

juni

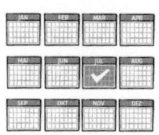

Ιούλιος

juli

Αύγουστος

augustus

Σεπτέμβριος

september

Οκτώβριος

oktober

Νοέμβριος

november

Δεκέμβριος

december

σχήματα
de vormen

κύκλος

de cirkel

τετράγωνο

het vierkant

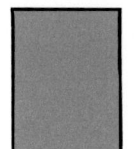

ορθογώνιο παραλληλόγραμμο

de rechthoek

τρίγωνο

de driehoek

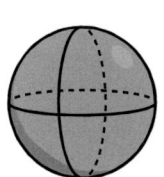

σφαίρα

de bol

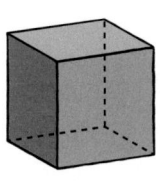

κύβος

de kubus

άσπρο

wit

κίτρινο

geel

πορτοκαλί

oranje

ροζ

roze

κόκκινο

rood

μωβ

paars

μπλε

blauw

πράσινο

groen

καφέ

bruin

γκρι

grijs

μαύρο

zwart

πολύ / λίγο

veel / weinig

θυμωμένος / ήρεμος

boos / rustig

όμορφος / άσχημος

mooi / lelijk

αρχή / τέλος

begin / einde

μεγάλος / μικρός

groot / klein

φωτεινός / σκοτεινός

licht / donker

αδελφός / αδελφή

broer / zus

καθαρός / λερωμένος

schoon / vies

πλήρης / ατελής

volledig / onvolledig

ημέρα / νύχτα

dag/ nacht

νεκρός / ζωντανός

dood / levend

φαρδύς / στενός

breed / smal

βρώσιμος / μη βρώσιμος

eetbaar / oneetbaar

κακός / ευγενικός

gemeen / aardig

ενθουσιασμένος / βαριεστημένος

opgewonden / verveeld

παχύς / λεπτός

dik / dun

πρώτος / τελευταίος

eerste / laatste

φίλος / εχθρός

vriend / vijand

γεμάτος / άδειος

vol / leeg

σκληρός / μαλακός

hard / zacht

βαρύς / ελαφρύς

zwaar / licht

πείνα / δίψα

honger / dorst

άρρωστος / υγιής

ziek / gezond

παράνομος / νόμιμος

illegaal / legaal

έξυπνος / χαζός

intelligent / dom

αριστερός / δεξιός

links / rechts

κοντινός / μακρινός

dichtbij / ver

καινούριος /
μεταχειρισμένος

nieuw / gebruikt

τίποτα / κάτι

niets / iets

γέρος | νέος

oud / jong

αναμμένος / σβηστός

aan / uit

ανοιχτός / κλειστός

open / gesloten

χαμηλόφωνος /
μεγαλόφωνος
zacht / luid

πλούσιος / φτωχός

rijk / arm

σωστός / λανθασμένος

goed / fout

τραχύς / λείος

ruw / glad

λυπημένος / χαρούμενος

verdrietig / gelukkig

κοντός / μακρύς

kort / lang

αργός / γρήγορος

langzaam / snel

υγρός / στεγνός

nat / droog

ζεστός / δροσερός

warm / koel

πόλεμος / ειρήνη

oorlog / vrede

αντίθετα - de tegenstellingen

87

αριθμοί
de getallen

0
μηδέν
nul

1
ένα
één

2
δύο
twee

3
τρία
drie

4
τέσσερα
vier

5
πέντε
vijf

6
έξι
zes

7
εφτά
zeven

8
οκτώ
acht

9
εννιά
negen

10
δέκα
tien

11
έντεκα
elf

12
δώδεκα
twaalf

13
δεκατρία
dertien

14
δεκατέσσερα
veertien

15
δεκαπέντε
vijftien

16
δεκαέξι
zestien

17
δεκαεφτά
zeventien

18
δεκαοκτώ
achttien

19
δεκαεννέα
negentien

20
είκοσι
twintig

100
εκατό
honderd

1.000
χίλια
duizend

1.000.000
εκατομμύριο
miljoen

Αγγλικά

Engels

Αμερικάνικα Αγγλικά

Amerikaans Engels

Μανδαρίνικα Κινέζικα

Chinees Mandarijn

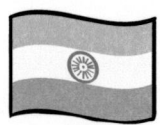

Χίντι

Hindi

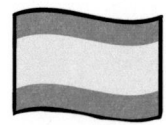

Ισπανικά

Spaans

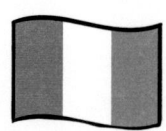

Γαλλικά

Frans

Αραβικά

Arabisch

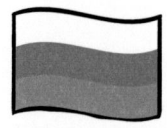

Ρώσικα

Russisch

Πορτογαλικά

Portugees

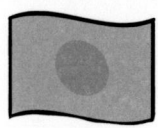

Μπενγκάλι

Bengalees

Γερμανικά

Duits

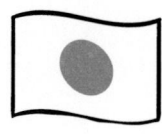

Ιαπωνικά

Japans

εγώ

ik

εσύ

jij

αυτός / αυτή / αυτό

hij / zij / het

εμείς

wij

εσείς

jullie

αυτοί / αυτές / αυτά

zij

ποιος / ποια / ποιο;

wie?

τι;

wat?

πώς;

hoe?

πού;

waar?

πότε;

wanneer?

όνομα

de naam

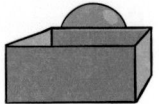

πίσω

achter

μέσα

in

μπροστά

voor

πάνω από

boven

πάνω

op

κάτω

onder

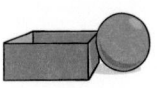

δίπλα

naast

ανάμεσα

tussen

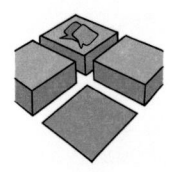

μέρος

plaats